Roswitha Defersdorf

In der Sprache liegt die Kraft

Roswitha Defersdorf

In der Sprache liegt die Kraft

Klar reden, besser leben

Mit einem Vorwort von Anselm Grün

Illustrationen von Sabine Tiemer

FREIBURG · BASEL · WIEN

© Verlag Herder GmbH, Freiburg im Breisgau 2008
Alle Rechte vorbehalten
www.herder.de

Umschlagkonzeption und -gestaltung:
Groothuis, Lohfert, Consorten | glcons.de
Umschlagmotiv: © plainpicture / Oliver Ruether

Satz: Dtp-Satzservice Peter Huber, Freiburg
Herstellung: fgb · freiburger graphische betriebe
www.fgb.de

Gedruckt auf umweltfreundlichem,
chlorfrei gebleichtem Papier
Printed in Germany

ISBN 978-3-451-29807-3

Inhalt

Vorwort 7

1 Einleitung 11
Was ist LINGVA ETERNA®? 16

2 Sprache neu erleben 23
Entdecken Sie Ihre Muttersprache neu 25
Wissen Sie wirklich, was Sie sagen? 45
Die Satzmelodie ist verräterisch 60
Überwinden Sie Ihr Grammatik-Trauma! 74
Die Etymologie eröffnet neue Blickwinkel 118
Sprache hat auch etwas mit Sprechen zu tun 124

3 Sprache in alltäglichen Situationen 133
So stellen Sie den Kontakt sicher her:
Die drei A 136
Wie bestellen Sie Essen? 141
Wie melden Sie sich am Telefon? 144
Einkaufsfreuden 148
Wie fragen Sie in einer fremden Stadt
nach dem Weg? 154
Komplimente machen und annehmen 156
Was ein alltäglicher Bericht alles zeigt 162
Wie danken Sie für ein Geschenk? 170

4 Sprache und Lebensthemen ... 175
Lassen Sie die Hetze bewusst hinter sich ... 180
Gewalt in der Alltagssprache erkennen
und wandeln ... 186
Krieg und kriegen in der Alltagssprache ... 191
Der Körper meldet sich zu Wort ... 196
Vom Suchen und Finden ... 199
Voller Name – volle Kraft ... 214

5 Sprache und Werte ... 221
Der ‚Wert' in der Alltagssprache ... 224
Wie sagen Sie ‚Wert'? ... 226
Bewerten – was ist das? ... 228
Ehrlich und unehrlich ... 232
Die Treue in der Alltagssprache ... 235
Achtung: Achtung! ... 238

Ausklang ... 247

Anhang ... 249
Kontaktadresse ... 249
Literaturhinweise zu LINGVA ETERNA® ... 241

Vorwort

Von Anselm Grün

Roswitha Defersdorf hat in zahlreichen Kursen – viele davon hält sie in unserem Haus Benedikt in Würzburg – die Menschen behutsam auf ihre Sprache aufmerksam gemacht. Sie hat ihnen gespiegelt, wie sie sprechen und mit welchen Worten sie ihre innere Haltung verraten. Sie hat ihnen aufgezeigt, dass manche Redewendungen und Worte auf alte Verletzungen hinweisen und dass sie sich mit solchen Worten von der eigenen Kraft abschneiden. Und sie hat den Teilnehmern und Teilnehmerinnen bei ihren Kursen geholfen, für sich eine Sprache zu finden, die ihrem Wesen entspricht und die sie in ihre eigene Kraft kommen lässt.

„Deine Sprache verrät dich ja", sagen die Leute im Vorhof des Hohenpriesters zu Petrus. (Mt. 26,73) Im Griechischen heißt es hier: Dein Sprechen offenbart dich. Dein Sprechen zeigt deutlich, wer du bist. Petrus reagiert heftig. Er verleugnet seine Sprache, verflucht sich selbst und verrät Jesus. Unsere Sprache verrät uns, das zeigt dieses Beispiel sehr eindrücklich. Wie wir sprechen, welche Worte wir benutzen, in welchem Tonfall wir reden, all das verrät unsere Seele. In Firmen wird oft eine kalte Sprache gesprochen. Eine kalte, unpersönliche Sprache verschließt die Zuhörer. Niemand möchte sich an der Kälte des Sprechenden erkälten. Wenn manche Menschen zu reden beginnen, hört man sofort das Vorwurfsvolle oder das Bewertende heraus. Unsere Sprache verrät uns. Aber umgekehrt gilt auch: Wenn wir unsere Sprache verleugnen, wenn wir sie nicht achtsam und voller Wertschätzung sprechen, dann verraten wir uns selbst. Wir verfluchen uns dann selbst. Wir sprechen dann negative Worte gegen uns selbst, die uns schaden und uns von unserem wahren Selbst entfernen. Unsere Sprache drückt dann unsere innere Entfremdung aus.

In ihrem Buch „In der Sprache liegt die Kraft. Klar reden, besser leben" beschreibt Roswitha Defersdorf einfühlsam, welche oft unbewussten Redewendungen unser Sprechen prägen. Und sie lädt uns ein, mit einem anderen Sprechen unsere innere Verfassung zu verwandeln und so authentischer zu werden. Authentisch kommt von „autos". „Autos" ist für die stoische Philosophie das innere Heiligtum des Menschen, sein wahres Selbst, sein innerster Kern. Wenn wir mit diesem wahren Selbst in Berührung sind, dann sprechen wir aus unserem Herzen, dann werden unsere Worte echt und stimmig. Aber es gilt auch: Wenn wir auf unsere Sprache achten, wenn wir eine Sprache einüben, wie sie unserem Wesen entspricht, dann führt uns unser Sprechen zu unserem wahren Selbst, zum inneren Raum, in dem wir bei uns selbst zuhause sind.

So wünsche ich allen Lesern und Leserinnen, dass sie mit neuen Augen auf ihre Sprache sehen. Es geht nicht darum, sich in seinem Sprechen zu kontrollieren. Sonst würden wir es gar nicht mehr wagen, zu sprechen. Wir sollen uns selbst in unserer Sprache nicht verurteilen. Wir sollen uns bewusst werden, wie wir sprechen, und mit einem Wohlwollen uns selbst gegenüber behutsam ein anderes Sprechen einüben. Dann werden wir die Wohltat und die heilende Kraft der Sprache für uns entdecken. Und wir tragen dazu bei, dass auch die Menschen um uns herum anders zu sprechen beginnen. Mit der Sprache fängt die Verwandlung des einzelnen, aber auch der Gesellschaft an. So wünsche ich, dass ein neues Bewusstsein für unser Sprechen die Sprache unserer Gesellschaft wandelt und so unsere Welt heller, menschlicher und liebevoller macht.

1 Einleitung

Wir leben in einer Zeit, in der Kommunikation und eine gute Vernetzung von außerordentlicher Bedeutung sind. Dank einer hoch entwickelten Technik können wir große Mengen an Daten in Sekunden über den ganzen Erdball senden und empfangen. Darin liegt eine große Chance – und eine große Herausforderung. Es ist für den Empfänger entscheidend, dass er aus dieser verfügbaren Menge an Informationen die jeweils für ihn richtige und wichtige zur rechten Zeit erhalten und mit dieser möglichst effizient umgehen kann. Nur dann ist die große Datenmenge ein Gewinn.

Je klarer und verständlicher die jeweiligen Informationen sind, desto leichter ist die Auswahl und desto leichter ist es für den Empfänger, sich diese zu merken und damit etwas anzufangen. Derjenige wird sich in einer Informationsgesellschaft am leichtesten tun, der mit dem Gut Information am effizientesten umgeht.

Und doch bleiben zu viele wertvolle Informationen durch Fehler in der Kommunikation auf der Strecke. Missverständnisse und Fehlinformationen beeinträchtigen den fruchtbaren Austausch in privaten und beruflichen Situationen.

Mit der stetig wachsenden Quantität an gesprochener und geschriebener Sprache ist die Qualität der täglichen Sprache in den Hintergrund getreten. Das Wort Qualität kommt von dem lateinischen ‚qualis' und benennt die Art und Weise, das ‚Wie'. Die deutsche Sprache gilt als die Sprache der Dichter und Denker. Tatsächlich verfügt sie über ein außerordentlich reiches Ausdrucksvermögen im Hinblick auf Wortschatz, Wortbildung und Grammatik. Mit ihr sind feine, differenzierte Darstellungen und Betrachtungen möglich.

Und doch ist die Sprache in erster Linie ein Mittel zum Zweck der Weitergabe von Informationen geworden. Das Gefühl für Sprache und der differenzierte Ausdruck sind mit der Quantität und der Schnelligkeit des Informationsaustauschs in den Hintergrund getreten, ja teilweise sogar verloren gegangen – eine Entwicklung, die sich in den letzten Jahren stark beschleunigt hat.

Gemessen an ihren Eltern oder gar Großeltern, haben die mittlere und die junge Generation einen vergleichsweise geringen, wenig differenzierten Wortschatz. Der aktive Wortschatz ist ebenso stark zurückgegangen wie der sichere Umgang mit Grammatik und Satzbau. Erzieher, Grundschullehrer, Lehrer an weiterführenden Schulen und Ausbilder können davon berichten, und Weiterbilder in den verschiedensten Bereichen von Wirtschaft, Pädagogik und Medizin werden darüber klagen.

Es lohnt sich, neben der Quantität auch der Qualität der Informationen Aufmerksamkeit zu schenken. Die Auswirkungen eines geringen Wortschatzes und einer schwachen Grammatik reichen weit und sind dramatisch. Eine nuancierte Sprache hingegen fordert und fördert den Geist und formt differenzierte Persönlichkeiten.

Menschen, die vor dem zweiten Weltkrieg heranwuchsen, wurden mit einem reichen Wortschatz und einem reichen Lied- und Gedichtgut groß und kannten viele Märchen auswendig. Sie haben nicht nur einen umfangreicheren und differenzierteren Wortschatz als ihre Kinder und Enkel. Sie haben auch reichere Grammatikkenntnisse.

Noch ist dieses Wissen an Wortschatz und Grammatik vorhanden. Doch bereits bei der mittleren Generation ist dieses Wissen vielfach nur passives Wissen. Zwar kennen sie zahlreiche schon weitgehend aus dem allgemeinen Sprachgebrauch verschwundene Wörter und auch Grammatikformen noch aus dem Sprachgebrauch ihrer Eltern und Großeltern. Jedoch setzen sie sie nicht mehr aktiv ein.

Unseren heutigen Kindern, Jugendlichen und jungen Erwachsenen fehlt das Verständnis für manche Lieder und Gedichte und auch Märchen. Ihnen sind die Wörter und Grammatikformen unbekannt. Die Lösung kann nun nicht sein, alle Texte so zu gestalten, dass sie nur aus einfachsten Sätzen mit minimaler Grammatik und minimalem Wortschatz bestehen. Vielmehr ist es bedeutsam, die eigene Sprache wieder zu entdecken und neu zu beleben.

Hier liegt ein großer Schatz begraben, der nur darauf wartet, gehoben zu werden. Sprache ist weit mehr, als allgemein bekannt und bewusst ist. Jedes Wort wirkt – und auch jeder Laut und jeder Satz. Sie wirken und schaffen Wirklichkeit. Jeder Mensch schafft und gestaltet sich seine Wirklichkeit und seine eigene Welt durch sein persönliches Denken, Sprechen und Handeln. Und vor dem Denken steht die gesprochene und die gedachte Sprache. Die individuelle Sprache offenbart von einem Menschen weit mehr, als dieser auch nur im Entferntesten ahnt. Und sie bewirkt auch mit ihm selbst mehr, als er es auch nur im Entferntesten für möglich hält.

Jeder Mensch kann jederzeit damit beginnen, auf seine persönliche Sprache zu achten und damit einen großen Schatz heben. Gleichzeitig ist dies der Beginn für eine große Abenteuerreise: die Reise zu sich selbst.

Was ist LINGVA ETERNA®?

LINGVA ETERNA® ist eine Art Sprachtraining, das den Blick auf den individuellen und auf den allgemein üblichen Sprachgebrauch lenkt und für die Wirkungsweise von einzelnen Wörtern, Redewendungen und von Satzbau sensibilisiert. Dabei bietet es jeweils sprachliche Alternativen an. Mit diesem Konzept können Menschen eigene sprachliche Muster erkennen und wandeln.

Mit der gewohnten Ausdrucksweise erhalten Menschen oft alte Denk- und Verhaltensmuster aufrecht. Durch eine gezielte Änderung der Wortwahl oder des Satzbaus erreichen sie eine ungeahnte und nachhaltige Wirkung auf ihr Denken, Sprechen und Handeln und eröffnen sich so neue Handlungsspielräume.

Beim täglichen Sprechen achten Menschen auf den Inhalt dessen, was sie gerade sagen oder hören. Wenn jemand sie bittet, das zu wiederholen, was sie eben gesagt haben, dann gelingt ihnen dies in Hinblick auf den Inhalt leicht.

In Hinblick auf die Form und die Struktur des Satzes werden sie sich jedoch nicht erinnern. Sie werden nicht wissen, ob sie vorher einen Aktiv- oder einen Passivsatz gebildet hatten, ob sie einen Nebensatz formuliert hatten oder nicht, und sie werden sich auch nicht sicher erinnern, welche Wörter sie genau benutzt hatten. Dies hat für den Inhalt auch keine Bedeutung.

Und doch transportiert die sprachliche Struktur eines Satzes oder einer Darstellung eine eigene Botschaft. Sie sagt etwas von dem Sprecher, und sie hat eine Wirkung auf ihn selbst und auch auf sein Umfeld. Bei LINGVA ETERNA® interessieren wir uns für diese sprachliche Struktur. Die Wörter, die ein Mensch gebraucht, entsprechen den Bausteinen seines Lebens. Und sein individueller Satzbau entspricht dem Bauplan seines Lebens. Mit ihnen zeigt er sich, und mit ihnen gestaltet er immerfort neu sein Leben.

Es lohnt sich, hinzuschauen und hinzulauschen! Dann wird es möglich, die eigene Sprache und den eigenen Sprachgebrauch völlig neu zu erfahren. Mit gezielten, scheinbar minimalen Änderungen des gewohnten Sprachgebrauchs kann es gelingen, dem eigenen Leben eine wohltuende Wende zu geben. Ich bitte Sie noch um etwas Geduld. Zahlreiche Beispiele aus Situationen des Alltags werden Ihnen Anregungen geben, die Wirkung einer neuen Formulierung auszuprobieren und Erkenntnisse für sich selbst zu gewinnen.

Die individuelle Ausdrucksweise eines Menschen steht in direktem Zusammenhang mit tiefen Prägungen und mit seiner Lebensgeschichte. Mit jedem Wort sind individuelle Erinnerungen und Gefühle gespeichert. Diese schwingen bei allen Äußerungen mit und können die ursprünglich beabsichtigte Botschaft verändern und belasten.

Mit steigendem Bewusstsein für die Sprache und ihre Wirkungsweise gestalten Menschen ihre Kommunikation klar, eindeutig und wohlwollend. Herz und Verstand sprechen dieselbe Sprache. So gelingt die tägliche Kommunikation leicht. Und indem Sie bewusst genauso denken, sprechen und handeln, wie Sie es tun, gestalten Sie gleichzeitig Ihr Leben. Dabei können Sie bewusst die eine oder andere Formulierung neu wählen und die Wirkung beobachten. Sie erleben jeden Tag neu die Kraft der Sprache.

Am Anfang stand die mutige und kluge Bemerkung einer Ärztin

Ich hatte schon immer Freude an Sprachen gehabt und studierte Englisch, Französisch und Arabisch mit dem Schwerpunkt Sprachwissenschaften. Am Ende meines Studiums glaubte ich als typische Anfängerin, nun wüsste ich alles Wesentliche zum Thema Sprache. Ich war nach dem Studium mehrere Jahre in der Industrie als Terminologin tätig und befasste mich mit Fachwortschatz. Da gab es für mich etliche neue Aspekte von Sprache. In dieser Zeit heiratete ich. Wir bekamen zwei gesunde, muntere Kinder.

Mit der Geburt des ersten Kindes beendete ich meine Berufstätigkeit und widmete mich meiner Familie. Ich lernte in dieser Zeit, wie bedeutsam die Entwicklung der Sinne für die Sprachentwicklung ist, und bildete mich im pädagogischen und förderpädagogischen Bereich weiter. Damit eröffnete sich mir ein neuer Blickwinkel auf Sprache.

Mir wurde immer klarer, dass Sprachentwicklung und Sinnesentwicklung Hand in Hand gehen. Dies gilt nicht nur bei Kindern. Auch beim Erwachsenen gewinnt die Sprache an Kraft, wenn er sie fühlt und mit Leib und Seele bei der Sache ist.

Dieses Wissen und diese Erfahrungen fließen lebendig und sinnesbetont in das Konzept LINGVA ETERNA® ein. Sie sind eine wesentliche Basis für dessen nachhaltige Wirkung.

Zu diesen Erfahrungen kam wenige Jahre später eine große Herausforderung. Damals erkrankte mein Mann an einem chronischen Leiden und brauchte immer mehr meine Hilfe. Dabei kam ich oft an meine Grenzen und auch über sie hinaus. Mit ihm und durch ihn lernte ich die Sprache und ihre Wirkung von einer nochmals neuen Seite kennen. Der Besuch bei einer Ärztin und ihre ebenso kluge wie mutige Bemerkung sollten ein Wendepunkt in meinem Leben werden.

Ich hatte meinen Mann wegen einer Untersuchung zu ihr gefahren und ihm die Treppe hinauf geholfen. Nach der Untersuchung wechselte die Ärztin auch einige Sätze mit mir. Dann hielt sie inne, schaute mich aufmerksam an und machte eine Bemerkung, die mein Leben in Bewegung brachte: „So wie Sie reden, denken Sie falsch. So können Sie das Paket niemals tragen." Sie nannte mir eine Adresse und sagte noch: „Lernen Sie, anders zu denken! Das alles ist jetzt viel zu umfangreich, als dass ich es Ihnen auf die Schnelle erklären könnte. Gehen Sie dahin. Ich kenne den Mann. Sagen Sie ihm schöne Grüße von mir!" Dabei schaute sie mich aufmunternd an.

Diese Bemerkung brachte mich in Gang.

Ich besuchte gezielt Zusatzausbildungen und durfte noch vieles Kostbare erfahren und erkennen, was mit Sprache zu tun hat. Von alledem hatte ich vorher noch nie auch nur ansatzweise etwas gehört.

In den 1990er Jahren entwickelte ich aus diesem reichen Fundus und auch intuitiv aus einzelnen Situationen heraus mein Sprach-Konzept. Anfangs nannte ich es noch ES Energetisches Sprachtraining®. Diese Bezeichnung ließ ein Training vermuten und entsprach nicht wirklich dem Charakter und Inhalt der Seminare, die ich hielt.

2005 entschloss ich mich deswegen, diese Bezeichnung hinter mir zu lassen und das Konzept von nun an LINGVA ETERNA® zu nennen. Die Bezeichnung trifft den Kern: Sie bedeutet wörtlich ‚ewige Sprache'. Es geht hierbei um die schöpferische Kraft der Sprache, die von Anfang an da war. Das Johannesevangelium benennt diese Kraft in seinem ersten Satz: Im Anfang war das Wort.

2003 lernte ich durch eine glückliche Fügung Dr. med. Theodor von Stockert kennen und konnte ihn für eine Zusammenarbeit gewinnen. Er bringt sich seitdem mit seiner reichen Erfahrung als Arzt segensreich in die weitere Entwicklung von LINGVA ETERNA® und in die Ausbildung der Dozenten ein. Er ist Neurologe und Psychiater und hat eine Zusatzausbildung im Qualitätsmanagement sowie weitere Zusatzqualifikationen. Viele Jahre befasste er sich in Deutschland und im Rahmen eines DFG Stipendiums in Boston/USA mit Neuropsychologie, Neurolinguistik und Transaktionsanalyse. Dazu hat er etliche Publikationen verfasst. Er leitete in Erlangen viele Jahre lang eine neurologische Reha-Klinik.

Seine naturwissenschaftlich geprägte Vorgehensweise stellt eine ideale Ergänzung für den bislang pädagogisch geprägten Ansatz dar. In der Zusammenarbeit mit ihm hat LINGVA ETERNA® erheblich an Struktur, Klarheit und Kraft und auch an Humor gewonnen.

Ein bedeutsamer Hinweis

Mit diesem Buch mag ich Sie anregen, mit LINGVA ETERNA® Ihren eigenen Sprachgebrauch bewusster zu gestalten, als Sie dies bislang getan haben.

Bitte wandeln Sie nur Ihre eigene Sprache und lassen Sie andere Menschen so schreiben und sprechen, wie sie es tun. Jeder darf so reden und denken, wie er will. Sie werden möglicherweise erleben, dass andere Menschen Ihren gewandelten Sprachgebrauch wahrnehmen und sich eingeladen fühlen, auch an ihrer persönlichen Sprache etwas zu wandeln. Und daran dürfen Sie Ihre Freude haben. Behalten Sie diese Freude einfach für sich! Und bitte widerstehen Sie jeglicher Versuchung, das Dozieren zu beginnen! LINGVA ETERNA® ist kein Instrument, um andere Menschen zu kritisieren, zu ändern oder zu belehren.

Die im Buch genannten Anregungen können Sie bei sich selbst anwenden und natürlich anderen von Ihren eigenen Erfahrungen erzählen. Nehmen Sie jedoch Abstand davon, die sprachlichen Gewohnheiten anderer Menschen interpretieren und auf sie einwirken zu wollen. Sie könnten damit weit mehr in Bewegung bringen, als Sie ahnen und wollen. Hierfür ist die Ausbildung zum Dozenten für LINGVA ETERNA® erforderlich. Solche Dozenten finden Sie mittlerweile in zahlreichen Bundesländern.

LINGVA ETERNA® ersetzt keinen Arzt und auch keine Psychotherapie. Sollten Sie eine solche Begleitung für sich in Anspruch nehmen, dann kann LINGVA ETERNA® eine gute Ergänzung sein. Bitte informieren Sie Ihren Arzt oder Therapeuten.

2 Sprache neu erleben

Entdecken Sie Ihre Muttersprache neu

Ich lade Sie ein, mit LINGVA ETERNA® Ihre Muttersprache neu zu erleben und sie mit allen Sinnen zu entdecken. Erlauben Sie sich, Sprache zu fühlen. Horchen Sie in sich hinein. Dies ist ganz einfach. Und vielleicht ist es einfach neu für Sie. Lassen Sie sich überraschen.

Sprache entfaltet erst dann ihre volle Kraft, wenn wir sie nicht nur denken, sondern auch gleichzeitig fühlen. Dann sprechen Kopf und Herz dieselbe Sprache. So entwickeln Sie ungeahnte Kräfte. Doch bevor dies möglich sein wird, lassen Sie sich bitte auf einige für Sie wahrscheinlich völlig neue Anregungen und Erfahrungen ein.

Sprache ist nicht nur zum Denken da

Denken geschieht mit dem Kopf. Menschen denken und machen sich viele Gedanken. Es ist eine herausragende Fähigkeit des Menschen, sich Gedanken machen und bewusst denken zu können. Tiere können das in diesem Maße nicht.

Viele der Gedanken, die sich Menschen machen, bleiben im Kopf. Sie finden nicht den Weg ins Tun, in die Handlung. Menschen machen sich Gedanken und nochmals Gedanken. Sie überlegen noch dieses und jenes und machen es sich auf diese Weise kompliziert, komplizierter, als es sein müsste. Das Wort ‚überlegen' zeigt schon, dass sie etwas ‚darüber legen'. Irgendwann ist die Mauer so hoch, dass sie darüber nicht mehr hinaus sehen können.

Der bewusste Umgang mit der Sprache und mit dem Wort führt aus diesem Kreisen der Gedanken heraus. Jedes einzelne Wort bezeichnet nicht nur einen Gedanken. Es benennt auch eine Handlung, ein Lebewesen oder einen Gegenstand. Ich sage „Hund", „Haus" oder „singen" und jeder weiß, was ich meine. Oder besser gesagt: Er denkt, dass er weiß, was ich meine. Es hat nämlich jeder sein eigenes inneres Bild. Für den einen ist ein Hund ein Dackel und für den zweiten ist es ein Schäferhund.

So ist ein Wort nicht nur ein abstrakter, nur gedachter Gedanke. So etwas gibt es nicht. Ein Wort greift immer ins konkrete Leben hinein. Und das Leben ist handfest und nicht abstrakt. Es umfasst neben dem Gegenstand oder der Handlung, die es bezeichnet, immer auch Gefühle und Empfindungen. Diese inneren Bilder, Klänge und Empfindungen bleiben im Allgemeinen unter der Schwelle des Bewusstseins. Menschen reden schnell und viel und geben dem einzelnen Wort nur wenig Raum. So erfassen und spüren sie nicht, was ein Wort oder eine Redewendung für sie selbst und auch für einen Gesprächspartner wirklich bedeutet. Und „wirklich" heißt: die Wirkungsweise und die Wirkung erkennen.

Ich lade Sie ein, Sprache zu fühlen und sie mit allen Sinnen wahrzunehmen. Hören Sie in sich hinein und lassen Sie Worte nachklingen. Kosten Sie Worte. Lassen Sie sie sich auf der Zunge zergehen. Sind sie wohlschmeckend? Oder hinterlassen sie einen bitteren Beigeschmack? Spüren Sie in sich hinein.

Es ist aufregend, Sprache zu fühlen. Indem Sie sich auf dieses Erleben einlassen, geschieht etwas Bemerkenswertes. Sie werden ein Wort nicht nur hören und mit dem Kopf verstehen. Sie werden ein Wort denken und gleichzeitig seine Wirkung in sich spüren und es so buchstäblich mit den Händen erfassen.

Herz und Verstand sprechen dieselbe Sprache. Damit bündeln Sie Ihre Energie und fokussieren sie auf einen Punkt. Das ist für viele Menschen so neu, dass sie sich ganz neu erfahren und kennen lernen. Manche Teilnehmer meiner Seminare beschreiben dies mit dem Gefühl, dass sie wie ein Pflock in die Erde gerammt sind und einen klaren, festen Standort haben. Oder sie wählen das Bild vom Sturm, in dessen Mitte das Auge ist. Dort ist es windstill. Sie sagen dann, dass sie sich nun an dieser ruhigen Stelle befinden, dort, wo in der Ruhe die Kraft liegt.

Es ist eine machtvolle Erfahrung, zu erleben, wie bei einem bewusst gesprochenen und gefühlten Wort Denken, Handeln und Fühlen in Einklang geraten. So kommen Körper, Seele und Geist zusammen. Der Geist gelangt zur Ruhe. Und in dieser Ruhe liegt die Kraft, von der so oft die Rede ist.

In unserer Kultur nimmt das Denken noch viel zu viel Raum ein. Das viele Denken hindert uns daran, ins Fühlen und auch ins Handeln zu kommen. All das gehört zusammen. Das Denken darf sich nicht verselbständigen. Sonst wird die Sprache herz- und kraftlos.

Das Wort ,denken' ist in der Alltagssprache weit verbreitet, viel mehr als das Wort ,fühlen'. Entsprechend denken die Menschen mehr als dass sie fühlen. Die Gefühle haben in unserer Gesellschaft einen deutlich geringeren Stellenwert als die Gedanken. So kommt es, dass viele Menschen von ihren Gefühlen abgeschnitten sind. Sie sind dann gefühllos, oder genauer gesagt: Sie wirken gefühllos. Und sie wirken tatsächlich: Sie haben eine Wirkung. In Gefühlen ist viel Kraft gebunden. Wenn jemand mit seinen Gefühlen gut in Kontakt ist, dann kann er auch aus dieser Quelle schöpfen. Gefühllosen Menschen ist dieses Potential weitgehend versperrt.

Denken ist ein bewusster Akt. Häufig jedoch denken Menschen nicht wirklich, wenn ihnen hundert Gedanken durch den Kopf gehen. Vielmehr kreist in ihnen eine Schallplatte, die alte Gedankengänge und Argumentationsketten immer wieder von Neuem abspielt. Oder es drängen sich ihnen Gedanken auf, die sie sich nicht selbst machen. Sie denken nicht. Sie denken nur, dass sie denken. Die guten Lösungen und die guten Ideen, die aus schwierigen Situationen herausführen können, kommen selten aus dem Kopf und auch selten am Schreibtisch. Sie sind auf einmal da, beim Duschen, beim Spazierengehen oder ganz einfach über Nacht.

Statt ‚denken' und ‚nachdenken' sagen manche Menschen, dass sie sich etwas durch den Kopf gehen lassen oder gar, dass sie sich den Kopf zerbrechen. Das sind erstens merkwürdige Bilder. Und zweitens zeigen diese Redewendungen deutlich, dass das Denken im Kopf angesiedelt ist und nicht im Bauch oder Herzen.

Zu viel Denken lädt Kopfschmerzen ein

Es ist naheliegend, dass sich bei so viel Denken Kopfschmerzen einstellen können. Der Kopf ist einseitig überlastet und meldet sich auf seine Weise. Der Gebrauch des Wortes ‚denken' ist vielfach nur durch eine jahrelange Gewohnheit zu erklären. Meist hat der Gebrauch dieses Wortes mit Denken nichts zu tun.

Ich lade Sie für eine Entdeckungsreise ein. Entdecken Sie, wie oft Sie ‚denken' hören und sagen. Achten Sie in einem weiteren Schritt auch auf Zusammensetzungen mit ‚denken' wie ‚nachdenken', ‚ausdenken', ‚bedenken' und zahlreiche andere. Dann probieren Sie Alternativen aus. Es gibt so viele Möglichkeiten, nicht zwanghaft denken zu müssen. Was können Sie noch sagen statt immerfort ‚ich denke' oder ‚ich denke nach' oder ‚ich denke schon' oder auch ‚ich denke nicht'?

Gelegenheiten bieten sich bei jeder Gelegenheit. Ich mag Ihnen zwei Beispiele nennen. Ich stelle mir vor, dass jemand Sie anspricht und sagt: „Kommst du heute Abend zu der Informationsveranstaltung in den Gemeindesaal?" Sie können sagen: „Ich denke schon." Sie können statt dessen auch sagen: „Ich werde voraussichtlich kommen." Oder: „Ich habe vor zu kommen." Oder: „Ja, ich werde heute Abend kommen." Sie werden sicher noch weitere Möglichkeiten finden.

In dem Moment, in dem Sie nicht mehr gewohnheitsmäßig ‚denken' sagen, machen Sie sich und damit auch dem anderen bewusst, was Sie wirklich meinen. Sie gewinnen Klarheit und Präsenz. Und Sie eröffnen sich mehr von Ihrem Potential und bleiben nicht nur in Ihrem Kopf, indem Sie das einseitige Denken beenden. Dies ist die wesentliche Bedeutung und Wirkung dieser scheinbar kleinen Sprachübung.

Denkfasten hilft weiter

Ich empfehle meinen Seminarteilnehmer gern ein ‚Denkfasten' für vier Wochen. In dieser Zeit wählen sie bewusst Alternativen für das Wort ‚denken' und seine Zusammensetzungen und Ableitungen oder lassen es einfach weg. Danach dürfen sie das Wort ‚denken' wieder gebrauchen, so wie es ihnen dann angenehm ist. Dieses Denkfasten klingt ganz einfach. Und doch ist die Durchführung eine wirkliche Herausforderung und erfordert eine Portion Humor und Durchhaltevermögen.

Parallel lenke ich die Aufmerksamkeit des Seminarteilnehmers auf das Wort ‚fühlen' und damit auf die Sinne. So lädt der Seminarteilnehmer gleichzeitig mehr Fühlen in sein Leben ein und lädt allzu einseitiges Denken aus seinem Leben aus.

Wenn Menschen in ihrer alltäglichen Sprache bewusst dem Fühlen Raum geben und das Denken auf einen angemessenen Platz weisen, dann kommt sanft eine wohltuende Entwicklung in Gang. Diese wird schon bald sichtbar und spürbar.

Es ist interessant, dass die Frage „Wie fühlst du dich?" nicht bewusst das Fühlen anspricht. Viele Menschen sagen, dass sie sich schlecht fühlen, wenn sie ihren Körper so deutlich spüren, wie schon lange nicht mehr. ‚Fühlen' gibt es für sich allein und auch in vielen schönen Zusammensetzungen. Etliche davon sind aus der Mode gekommen und es lohnt sich, sie wieder zu beleben. Das Wohlgefühl und das Mitgefühl sind zwei von ihnen.

Sprache ist nicht nur zum Denken da. In ihr ruht eine große Kraft. Sie wird frei, sobald wir bereit sind, Sprache zu fühlen, zu tun und gleichzeitig zu denken. Ich erlebe sie als ein großes Geschenk. Es liegt an mir, wie ich mit diesem Geschenk umgehe. Mit dieser Einsicht bin ich vom Denken zum Danken gekommen. Das Leben ist schön. Ich mache mir nun dank LINGVA ETERNA® nicht mehr so viele Gedanken. Ich Geh-Danken.

Ich lade Sie ein zu einer Wortprobe

Mit Wortproben lade ich Sie ein, einzelne Wörter oder auch einen Satz zu hören, zu schmecken, zu riechen, sie mit allen Sinnen, mit dem ganzen Sein wahrzunehmen. Die normale, flüssige Sprache ist viel zu schnell, als dass es möglich wäre, einzelne Wörter und Sätze in ihrer Qualität und Wirkung bewusst wahrzunehmen.

Wortproben sind eine Basisübung von LINGVA ETERNA®. Sie ermöglichen eine für viele Menschen neue Erfahrung: Wörter lassen sich schmecken und fühlen. Einzelne, aus dem Kontext herausgelöste Wörter können eine angenehme Wirkung haben oder auch eine unangenehme. Wir können sie als weich, als samtig oder auch als hart oder rau empfinden und vieles mehr.

Bei einer Wortprobe gebe ich einzelnen Wörtern Raum, sich zu entfalten und zu schwingen und fühlbar zu werden. So kann sich jeder Sprecher und jeder Hörer bewusst werden, welche Wirkung ein Wort oder ein Satz auf ihn hat.

Ich biete Ihnen nun einige Wörter an. Ich schreibe sie nacheinander mit Gedankenstrichen zwischen den einzelnen Wörtern. Lesen Sie sie langsam und halblaut und machen Sie jeweils eine kurze Pause zwischen den Wörtern. Lauschen Sie dem Klang und horchen Sie in sich hinein. Lenken Sie Ihre Aufmerksamkeit darauf, ob ein Wort in Ihnen angenehme oder unangenehme Gefühle auslöst. Wo fühlen Sie sie in Ihrem Körper? Haben Sie innere Bilder oder Gerüche oder vielleicht sogar einen kurzen Film? Was macht Ihre Mimik?

Nun folgen einzelne Wörter für die angekündigte Wortprobe: Quelle – Quellwasser – Mineralwasser – Apfelbaum – Blumenwiese – Telefon – Flughafen – Airport – Stress – Lächeln – Dankeschön.

Vielleicht mögen Sie dabei die Augen schließen und eine Hand auf den Bauch legen. So ist es für viele Menschen am leichtesten, sich auf die Wortprobe einzulassen und mit allen Sinnen zu lauschen und zu fühlen. Jeder Mensch hat mit den einzelnen Wörtern seine ureigenen Empfindungen und Erinnerungen. Sie schwingen bei jeder Äußerung unbewusst mit und stören vielfach die bewusste Botschaft.

Gab es dabei Wörter, die bei Ihnen angenehme Empfindungen auslösen? Gab es welche, die unangenehme Empfindungen auslösen?

Wie war für Sie das Wort ‚Apfelbaum'? Und wie sieht Ihr Apfelbaum aus? Übrigens ist es bedeutsam, dass ein Mensch mit einem Wort ein inneres Bild und eigene Erfahrungen assoziieren kann. Wenn er dies nicht kann, dann haben seine Worte kein Leben und sie klingen gefühlskalt.

Und wie erging es Ihnen mit den Wörtern ‚Flughafen' und ‚Airport'? Hatten Sie dieselben Bilder und Empfindungen? Jeder weiß, dass beide Wörter dasselbe bedeuten. Das eine ist deutsch und das andere englisch. Bemerkenswerterweise lösen beide Worte bei so gut wie allen Menschen unterschiedliche Empfindungen und Erinnerungen aus. Das eine mag Erinnerungen an den fröhlichen Urlaub in der Karibik auslösen und das andere hektische Aktivitäten am übervollen Flughafen vor einem Kongress. Diese Empfindungen schwingen beim Sprechen mit und haben einen Einfluss darauf, ob Sie einen Menschen als sympathisch oder scheinbar unbegründet als unsympathisch empfinden.

Die Wortproben ermöglichen es nicht nur, Sprache zu fühlen. Sie ermöglichen darüber hinaus eine weitere wesentliche Erfahrung: Denken und Fühlen kommen in Einklang. LINGVA ETERNA® greift erst dann kraftvoll, wenn jemand bereit ist, seine Sprache zu fühlen. Wer seine Gedanken fühlt und gleichzeitig denkt, der steigert damit die Kraft seiner Gedanken und somit seine eigene Wirksamkeit.

Mit jedem Wort schwingen Speicherungen mit

Das bewusste Fühlen einzelner Wörter und Sätze ist für die meisten Menschen völlig neu. Es war für mich eine Offenbarung, als ich damit begann, einzelnen Wörtern in dieser Weise Aufmerksamkeit zu schenken. Dies war lange nach dem Abschluss meines Fremdsprachenstudiums. Während meiner Jahre an der Hochschule hatte ich nie darauf geachtet, auch meine Lehrer haben mich nie darauf hingewiesen. Ein sogenannter Zufall wies mir den Weg.

Mit jedem einzelnen Wort schwingen Speicherungen mit. Sie sind ganz und gar individuell. Jeder Mensch hat dabei seine eigenen Erfahrungen, Bilder und Klänge und Assoziationen gespeichert. Diese Speicherungen können angenehm und wohltuend sein oder auch belasten und irritieren. Wir aktivieren sie jedes Mal unbewusst, wenn wir ein Wort sagen, lesen oder hören, und haben damit immer wieder neu eine Wirkung. So hat jedes Wort eine Wirkung auf den Sprecher, auf den Hörer und auf den Leser und erschafft immer wieder neu Wirklichkeit.

Die Steine wurden zum goldenen Schlüssel

Eine Frau bat mich um Rat und kam zu mir für eine Beratung. Cornelia Balthasar brachte ihr Anliegen vor und erzählte mir ihre Geschichte. Dabei wurde ich das erste Mal bewusst darauf aufmerksam, auf welche Weise sie ihre Geschichte erzählte. Sie hatte einen bemerkenswerten Wortschatz. Darin wurde eine eigenartige Konsequenz sichtbar. Hätte ich nicht „zufälligerweise" ihre gesundheitliche Vorgeschichte gekannt, wären mir diese Zusammenhänge wohl kaum aufgegangen.

Diese Zusammenhänge wurden mir das erste Mal in diesem vollen Umfang bewusst, als Cornelia Balthasar, eine Frau um die Mitte 60, mich bei einer Beratung um Hilfe im Umgang mit ihrer alten Mutter bat. Während sie von ihrer alten Mutter sprach, gebrauchte sie in einer merkwürdigen Häufung folgende Redewendungen: Sie steht bei Belastungen wie ein Fels in der Brandung, ihr Lebensweg ist steinig und sie hat gerade wieder einen Brocken auf ihrem Lebensweg.

Das klang bei ihr folgendermaßen:
„Ich komme zu Ihnen wegen meiner Mutter. Sie ist alt und ich muss sie betreuen. Ich glaube, dass ich von mir sagen kann, dass ich bei Schwierigkeiten im Leben im Allgemeinen wie ein Fels in der Brandung stehe. Ja, und zur Zeit habe ich einen großen Brocken vor mir: Meine Mutter ist wieder ins Krankenhaus gekommen. Ich habe Mitleid mit ihr, schließlich hatte sie einen steinigen Lebensweg und kann ja auch nichts dafür. So gut als dies mir möglich ist, will ich ihr gern Steine aus dem Weg räumen und es ihr erleichtern ..."

Ich horchte bei all ihren Steinen auf. Sie hatte viele Steine, Brocken und Felsen in ihrer kurzen Darstellung. Ich hörte zwei Geschichten parallel. Da war die vordergründige Geschichte mit der Mutter. Und dann war da noch eine zweite Geschichte im Hintergrund. Ich konnte sie noch nicht sicher entschlüsseln. Ich hörte immer wieder Steine und begann zu ahnen, dass dies von Bedeutung war.

In diesem Moment erinnerte ich mich daran, dass Cornelia Balthasar lange Zeit mit ihren Nieren Schwierigkeiten und wiederholt Nierensteine gehabt hatte. So unterbrach ich ihre weiteren Ausführungen und stellte ihr eine Frage: „Frau Balthasar, darf ich Ihnen eine Frage stellen?

Ich höre aufmerksam Ihre Geschichte mit Ihrer Mutter. Und ich höre noch etwas. Was bedeuten Steine für Sie?"

Sie war verwundert und irritiert. Sie sagte, dass sie sich für Steine nicht interessiere und dass sie sie auch nicht sammle oder ihnen in irgendeiner Weise besondere Aufmerksamkeit schenke. Steine seien einfach Steine. Ich folgte einer inneren Stimme und bat sie, das Wort „Stein" mehrfach langsam zu sagen und bei jedem einzelnen Wort „Stein" bewusst in sich hinein zu horchen. Dies tat sie und begann: „Stein – Stein – Stein – Stein". Bei den ersten drei Malen klang das Wort neutral. Beim vierten Mal zuckte sie und griff mit ihrer rechten Hand spontan an ihre rechte Niere. Beim fünften und letzten Mal verzerrte sich ihr Gesicht. „Dieses Wort weckt in mir schreckliche Erinnerungen wach. Ich hatte so fürchterliche Nierenkoliken und wurde schließlich auch operiert." Sie begann schwer zu atmen. Das bewusst gesprochene Wort „Stein" hatte diese Erinnerungen wieder aufsteigen lassen.

Ihr Arzt hatte ihr aufgetragen, positiv zu denken und die Nierensteine hinter sich zu lassen. Sie sollte nicht mehr von der Operation und all den vorangegangenen Koliken sprechen. Sie hatte sich all die Jahre an diese Weisung gehalten. Doch hatte sie dieses Thema noch nicht wirklich aufgeräumt. In ihrem Wortschatz lebte es als Steine, Felsen und Brocken weiter. Mit diesem Sprachgebrauch reaktivierte sie die Steine jedes Mal neu, wenn sie eine Ausdrucksweise mit der entsprechenden unbewussten Speicherung gebrauchte. Dies geschah immer, auch wenn sie von völlig anderen Themen sprach. So hatte sich das Thema mit den Steinen auf einen anderen Lebensbereich verlagert. Die Energie war noch da.

Ich erklärte ihr meine Sichtweise. Sie blickte mich fragend und staunend an: „Das leuchtet mir ein. Doch ist dies für mich völlig neu, die Nierensteine von früher nun im Kontext mit meiner Mutter neu zu sehen." Nach einem kurzen Schweigen fügte sie in der ihr eigenen Sprache an: „Nun bin ich wie versteinert." Diese Ausdrucksweise entsprach ihrer sprachlichen Prägung und auch ihrem langjährigen Lebensthema. Sie bemerkte sie selbst.

Wir sammelten danach gemeinsam Wörter und Redewendungen zum Thema ‚Steine', die sie in ihrem aktiven Sprachgebrauch hatte. Etliche davon verwendete sie häufig und selbstverständlich. Nie hatte sie sich etwas dabei gedacht. Sie waren ihr so normal vorgekommen. Sie waren ihr eben ‚vor gekommen', wirklich hervor gekommen, und haben sich auf diese Weise als Schlüsselwörter gezeigt. Dann begleitete ich sie dabei, Alternativen zu finden und so ihre Ausdrucksweise zu wandeln. Von nun an konnte sie auch auf der sprachlichen Ebene die Steine, Brocken und Felsen hinter sich lassen. Damit gab sie ihrem Leben eine heilsame Wende.

Danach sprachen wir noch von dem Thema, dessentwegen sie zu mir gekommen war; von dem Umgang mit ihrer Mutter. Als wesentliche Erkenntnis nahm Cornelia Balthasar von diesem Beratungsgespräch die Hinweise auf ihr Steine-Vokabular mit. Sie war entschlossen, die vielen Steine in ihrem täglichen Denken und Sprechen aufzuspüren und hinter sich zu lassen.

Nach einigen Monaten rief sie mich an und sagte mir freudig, dass vieles in ihrem Leben in Bewegung gekommen sei und dass sie nun eine noch nie gekannte Leichtigkeit erlebe. Ich freute mich mit ihr und wurde meinerseits hellwach für individuellen Sprachgebrauch und die darin enthaltenen Speicherungen.

In der Folgezeit habe ich dieses sprachliche Phänomen auch bei anderen Lebensthemen vielfältig wiedererlebt. Es spielt bei LINGVA ETERNA® eine große Rolle. So war dieses Beratungsgespräch ein großes Geschenk für mich selbst.

Speicherungen können auch lustig sein

Speicherungen zeigen sich auch in der Körpersprache, in Gestik und Mimik sowie in der Körperhaltung. Des Weiteren werden sie hörbar durch die Sprechgeschwindigkeit, die Stimmlage und den Tonfall. Aus diesem Grund hat jeder Mensch seine eigene Art, ein Wort zu sagen. Meist ist das jeweilige Wort bis hin zu Mimik und Gestik spontan immer wieder auf die gleiche Weise abrufbar. Nur ein bewusstes Ändern ermöglicht eine neue Variation.

Mit LINGVA ETERNA® machen wir diese unbewussten Speicherungen bewusst. Ich lade Sie wieder ein zu einer Übung:

Ich bitte Sie, einzelne Wörter und Sätze zu sagen und zwei- oder dreimal zu wiederholen, so wie es Ihnen angenehm ist. Begleiten Sie die Wörter und Sätze jeweils mit Mimik und Gestik. Handeln Sie so, als ob Sie Pantomime machen würden.

Viel Spaß kann diese Übung bereiten, wenn Sie sie mit einer oder mehreren weiteren Personen gemeinsam machen. Dann können Sie Unterschiede sehen. Jeder bewegt sich nämlich auf seine Weise. Sie können dann auch probieren, jeweils die Bewegungen der anderen möglichst genau nachzumachen. Wie fühlen diese sich an? Manche dieser Bewegungen wirken bei einem anderen auf einmal kurios, während sie bis dahin normal zu sein schienen. Manche neue Bewegungen sind eine wohltuende Alternative und ein wertvoller Fund. Probieren Sie Verschiedenes aus und entdecken Sie neue Möglichkeiten, sich auszudrücken.

Beginnen Sie mit einem kleinen, alltäglichen Wort, mit ‚klappen' wie in dem Satz: „Es wird schon klappen." Sagen Sie bitte: „Klappen" und wiederholen dieses Wort zwei weitere Male. Wie bewegen Sie sich? Was machen Ihre Hände und Ihr Kopf und Ihre Füße? Wie bewegt sich Ihr Mund und wie Ihre Augenbrauen und die Stirn?

Danach machen Sie das gleiche mit dem Wort ‚gelingen'. Es drückt inhaltlich scheinbar das Gleiche aus. Und doch gibt es erhebliche Unterschiede. Wie bewegen Sie sich hier? Erleben und spüren Sie beide Varianten.

Sie können nun einen ganzen Satz ausprobieren. Sagen Sie: „Ich muss jetzt noch schnell einkaufen." Wiederholen Sie diesen Satz noch zwei weitere Male und fühlen Sie seine Wirkung. Wie bewegen Sie sich? Was machen Ihre Hände und Ihr Gesicht? Wie schnell sprechen Sie? Dann wiederholen Sie den gleichen Satz und lassen Sie dabei das „muss" weg. Geht das? Oder ändern Sie spontan noch mehr als das Wörtchen ‚muss'? Wie klingt Ihr neuer Satz? Erleben Sie, wie dieser Satz ist und welche Wirkung er auf Sie und Ihr Umfeld hat.

Erst beim wiederholten Sprechen können Sie wieder holen, was Sie wirklich gesagt haben. Dann können Sie Ihre Worte, Ihre Stimmlage, Ihren Tonfall und Ihre Körpersprache bewusst wahrnehmen. Der Körper spricht immer mit, auch wenn er starr und scheinbar passiv sein sollte. Dann ist auch dies eine Aussage. Beim Wieder-Holen werden Ihnen Ihr Handeln und Fühlen bewusst. Die normal gesprochene Sprache ist so schnell, dass niemand diese feinen Nuancen mitbekommt, es sei denn, er hat ein geübtes Ohr und einen geübten Blick.

Diese unbewussten Signale sprechen oftmals eine andere Sprache, als dies der Sprecher oder Autor will. Mit LINGVA ETERNA® machen wir Inkongruenzen bewusst. Der Körper spricht oftmals eine andere Sprache, als der Kopf dies will und wahrnimmt. Im Zweifelsfall kommt beim Angesprochenen die körperliche oder emotionale Botschaft an und nicht diejenige, an die der Sprecher oder Autor denkt. Dies ist eine reiche Quelle für sogenannte Missverständnisse. Hier kommt bei Hörenden und Lesenden eine Botschaft an, die dem Sprecher oder Schreiber nicht bewusst ist und dennoch unbewusst mitschwingt. Der Hörende und Lesende fängt etwas auf, das dem anderen nicht bewusst ist. Darum sage ich ‚sogenanntes Missverständnis'.

Was ist Ihnen lieber: Wählen oder entscheiden?

Manchmal rühren wir beim Sprechen im anderen etwas an, von dem wir keine Ahnung haben. Ein Schlüsselwort löst beim Angesprochenen eine Speicherung aus. Ein Paradebeispiel ist hierfür das Wort ‚entscheiden'. Die Aufforderung „Entscheiden Sie sich!" kann beim Angesprochenen unterschwellig die Geschichte seiner geschiedenen Eltern oder seine eigene Scheidungsgeschichte wachrufen und reaktivieren. Dies wird ihm nicht bewusst werden. Die Entscheidung wird ihm einfach unangenehm sein, so wie die Scheidung mehr als unangenehm ist oder war. Mit der Alternative „Wählen Sie bitte!" wird er leichter eine Wahl treffen können als mit dem Satz „Entscheiden Sie sich!", egal wie freundlich der jeweilige Sprecher diesen Satz sagt.

Es gibt auch lustige und lustvolle Schlüsselwörter und Redewendungen. Sie lösen angenehme und heitere Empfindungen und Wohlgefühl aus. Auch diese sind individuell. Hierbei kommt mir immer eine Zeile aus einem Gedicht von Christian Morgenstern in den Sinn. Sie löst in mir ein solches Wohlgefühl aus: „Selig lächelnd wie ein satter Säugling". Wohlgefühl lösen auch die Wörter ‚gemütlich' und ‚wonnig' aus, oder auch ‚ein köstliches Abendessen'. Es gibt noch viel mehr wohltuende Wörter.

Finden Sie Wörter, die Ihnen gut tun, und schreiben Sie sie auf. So können Sie sich einen eigenen, wahren Wort-Schatz schaffen. Integrieren Sie diese wohltuenden und wohlklingenden Wörter langsam in Ihren täglichen Sprachgebrauch. Es genügt, wenn Sie jede Woche eines dazunehmen.

Mit einer neuen Ausdrucksweise wandelt sich die Körperhaltung

Kleine, gezielte Änderungen im täglichen Sprachgebrauch haben eine Auswirkung auf die Körperhaltung. Dies geschieht sofort und nachhaltig. Ich sehe dies immer wieder an Seminarteilnehmern. Sie kommen an einem Wochenende zum Seminar und vier Wochen später wieder. Schon beim zweiten Mal kommen sie anders zur Tür herein. Sie sind aufrechter und glatter, und die Augen leuchten mehr als vorher. Manchmal erkennen Teilnehmer ihre Mit-Teilnehmer kaum wieder und sagen dies auch. Und jedes Mal freuen sich diejenigen, die sich wiedersehen, und nehmen glücklich ihre sichtliche Ent-Faltung und wachsende Lebendigkeit wahr. Sie beginnen einfach zu blühen.

Wie ist das möglich? Die scheinbar so kleinen Änderungen auf der sprachlichen Ebene setzen in Wahrheit an der Wurzel an. So gesehen hat LINGVA ETERNA® einen radikalen Ansatz. Es setzt an der Radix an, an der Wurzel. Radix ist ein lateinisches Wort und bedeutet Wurzel. Schon von der Bibel wissen wir, dass im Anfang von allem das Wort war.

Ich lehre Menschen, ihre Muttersprache noch einmal neu zu erlernen. Ich leite sie an, Wörter neu zu erfahren und mit ihrem ganzen Sein zu erleben. Des Weiteren mache ich ihnen ihre tiefsitzenden und an einzelne Wörter gekoppelten Bewegungsmuster bewusst. Sie erleben voller Freude, dass ihr Körper spontan reagiert, wenn sie eine für sich neue Alternative wählen. Sie merken es selbst, wie sie beim Wort ‚Problem' in sich zusammensinken und wie sich ihre Wirbelsäule aufrichtet, wenn sie ‚Herausforderung' sagen. Sie haben dabei auch einen anderen Gesichtsausdruck und eine andere Körperhaltung. Sie strahlen mehr Kraft und mehr Präsenz aus. Ihr Umfeld nimmt sie neu wahr und behandelt sie auch entsprechend. Es bereitet mir große Freude, diese Ent-Wicklungen miterleben zu dürfen.

Eine Verkäuferin wächst über sich selbst hinaus

Ein wunderbares Beispiel lieferte eine Leserin meines Kartensatzes „Die Kraft der Sprache". Sie hatte die Anregungen der Anleitung aufgegriffen und hatte täglich vor einem großen Spiegel die Wirkung der einzelnen Sätze ausprobiert. Bei diesen 80 Karten steht in der oberen Hälfte der Vorderseite jeweils ein üblicher Satz und in der unteren Hälfte eine Alternative. Auf der Rückseite befindet sich eine Erklärung zu der jeweiligen Redewendung. Sie hatte einen Satz nach dem anderen ausprobiert und laut gesprochen und sich dabei beobachtet.

Sie arbeitet in einem Herrenoberbekleidungsgeschäft und war zu jener Zeit im Verkauf eingesetzt. Wenn gerade keine Kunden da waren, hatte sie sich eine der Karten herausgegriffen, sich vor einen der Spiegel gestellt und die beiden Textvarianten ausprobiert. Dann sagte sie beispielsweise: „Ich rede über die neue Kollegin." Und dann „Ich spreche von der neuen Kollegin." Dabei hatte sie sich beobachtet und im Spiegel die Wirkung der jeweiligen Sätze auf ihre Körperhaltung und ihre Mimik und Gestik gesehen. Sie bemerkte, dass sie bei den beiden Sätzen eine unterschiedliche Kopfhaltung einnahm und bei dem zweiten Satz ihr Rücken gerade war. Diese Beobachtungen hatten sie ermuntert, auf ihre tägliche Sprache zu achten. Dies tat sie konsequent und mit Humor.

Nach vier Monaten rief ihr Chef sie zu sich. Er sagte ihr, dass irgendetwas mit ihr geschehen sein müsse und dass sie eine so klare und kraftvolle Ausstrahlung entwickelt habe. Er sagte, dass er ihr nun eine wesentlich verantwortlichere Position zutraue, und bot ihr eine neue und höher gestellte Position im Unternehmen an. Sie freute sich und nahm die neue Stelle an. Ihre Freundin kam daraufhin zu uns ins Seminar und erzählte uns diese Geschichte.

Mit einer neuen, nicht gewohnten Ausdrucksweise können Menschen ihre automatisierten Verhaltensweisen und ihre Muster hinter sich lassen. Sie machen sich bewusst, was sie sagen und was sie sagen wollen. Dadurch haben sie einen guten Kontakt mit sich selbst. Sie sind mit ihrer ganzen Aufmerksamkeit da. Auf diese Weise beruhigen sich auch ihre Gestik und Mimik. Ebenso beruhigt sich auch ihre innere Unruhe, an der viele Menschen leiden.

Bewusstes Sprechen entschleunigt das Denken, das Handeln und schließlich den Menschen als Ganzes. Denken, Handeln und Fühlen gehören zusammen. Sie sind nicht voneinander zu trennen. Und wenn sie auseinander gefallen sind, dann steht jemand neben sich und ist neben der Kappe. Er muss sich dann im besten Sinn des Wortes wieder zusammennehmen.

Oft fragen mich Menschen, wie es kommt, dass sich jemand mit LINGVA ETERNA® in so kurzer Zeit so ändern kann. Das stimmt jedoch so nicht. Niemand ändert sich dabei. Das wünsche ich auch niemandem. Jeder ist in Ordnung so, wie er ist. Ich wünsche Menschen, dass sie sich finden, dass sie sich entwickeln und ihren Kern erstrahlen und die Fassade fallen lassen. Wer sich auf die Kraft der Sprache einlässt und beginnt, einzelne Wörter und Sätze zu fühlen und ihre Wirkung wahrzunehmen, der kommt mit einer Kraft in Berührung, die in ihm liegt. Sie macht ihn stark und richtet ihn auf. Diese Kraft ist für jeden da und wartet darauf, entdeckt zu werden.

Wissen Sie wirklich, was Sie sagen?

Kennen Sie Ihren Wortschatz?

Jeder Mensch wächst mit der Sprache seiner Umgebung auf. Er lernt sie als erstes von seinen Eltern und Verwandten, dann von seinen ErzieherInnen und LehrerInnen und dem Umfeld, in dem er lebt und sich aufhält. Er hört sie von klein auf und wird mit ihr groß und behält sie bis ins Alter bei.

Einzelne Wörter und Redewendungen sind ihm so selbstverständlich und vertraut, dass er sie im Allgemeinen nicht hinterfragt, ja nicht einmal wirklich wahrnimmt. Er kennt sie und gebraucht sie in den gleichen Situationen, in denen er sie als Kind oder junger Mensch kennen gelernt hat.

Und diesen so selbstverständlichen Sprachgebrauch wird derselbe Mensch an seine Schüler, Auszubildenden und an seine eigenen Kinder weitergeben. Dies wird ihm dabei nicht bewusst sein. Und so wird die nächste Generation mit seinem Sprachgebrauch groß werden. Dies geht so lange weiter, bis einmal jemand aufwacht und auf die Alltagssprache lauscht.

Das ist ein vielfältiges und reiches Entdeckungsfeld. Da gibt es die Sprache der Visionäre und Anführer, die Sprache der Opfer und Abhängigen, die Sprache der Hektiker, die Sprache der Erfolglosen, die Sprache der Gesunden und die Sprache der Kranken, die Sprache der Krieger, die Sprache der Schläger und die Sprache der Friedlichen und noch viele weitere Variationen. Kaum jemand achtet auf den individuellen Sprachgebrauch, weder bei sich selbst noch bei anderen Menschen.

Der individuelle Sprachgebrauch eines Menschen spiegelt seine bewussten und auch seine unbewussten Gedanken und seine Prägungen wieder. Er hat immer etwas mit ihm selbst zu tun und zeigt etwas von ihm. Wenn jemand sich ausdrückt, dann drückt er etwas aus sich heraus. Es kann nichts sein, was nicht in ihm wäre. Er drückt sich selbst aus.

Es lohnt sich, auf den eigenen Wortschatz zu achten. Wie Sie bereits wissen, sind die Wörter, die ein Mensch gebraucht, gleichsam die Bausteine seines Lebens. Und die Grammatik und der Satzbau entsprechen dem Bauplan seines Lebens. Es ist immer wieder aufregend und erhellend, auf die eigene Sprache zu schauen und zu horchen.

Wollen Sie mehr von sich selbst erfahren? Dann lernen Sie Ihren eigenen Sprachgebrauch kennen: Was sagen Sie wirklich? Welche Wirkung haben Sie mit Ihrem Denken und Sprechen? Und wollen Sie das so?

Es kann gut sein, dass Sie mit Ihrer persönlichen Sprache glücklich sind und erkennen, dass Sie selbst sich mit Ihrem Denken und der damit einhergehenden inneren Einstellung einen großen Anteil Ihres Glücks schaffen. Es kann auch anders sein.

Ich biete Ihnen mehrere Möglichkeiten an, Ihre eigene Alltagssprache kennen zu lernen. Gehen Sie sie bitte mit Ernsthaftigkeit und auch mit einer angemessenen Portion Humor an.

1. LINGVA ETERNA®-Übung

Die erste Möglichkeit ist eine praktische Übung für den Alltag. Sie ist einfach und gleichzeitig wirksam. Führen Sie sie am Tag zwei oder dreimal für jeweils fünf Minuten aus:
Denken Sie laut und wiederholen Sie bitte jeden einzelnen Satz mehrfach, bis Sie jedes einzelne Wort kennen. Hören Sie sich sprechen und nehmen Sie jedes einzelne Wort wahr. Nehmen Sie seine wörtliche Bedeutung wahr und horchen Sie in sich hinein. Fühlen Sie die Wirkung jedes einzelnen Satzes.
Es genügt, wenn Sie bei jedem Üben ein oder zwei Sätze beleuchten. Vielleicht fühlen Sie sich mit Ihrem Satz wohl. Dann nehmen Sie dies freudig wahr. Vielleicht stört Sie auch etwas. Dann können Sie Ihre Wortwahl ändern.

Vielleicht klingt das Üben bei Ihnen so: „Oh, wie schön die Sonne scheint! Oh, wie schön die Sonne scheint! Oh, wie schön die Sonne scheint!" Das klingt fröhlich und auch friedlich. Vielleicht denken Sie laut weiter und Sie denken so: „Das ist ein guter Tag für meine Gartenarbeit! Da kann ich gleich die Zwiebeln in die Erde stecken." Danach mögen Sie sich an den gestrigen Abend erinnern und Ihre Gedanken laut aussprechen: „Wir hatten gestern eine Mordsgaudi miteinander."

Dann wiederholen Sie auch diesen Satz mehrfach und fühlen ihn, bis Sie ihn klar wahrgenommen haben. Ab dem wievielten Wiederholen haben Sie den Mord bei der Mordsgaudi bemerkt? Wie geht es Ihnen nach dieser Übung mit diesem Wort?

2. LINGVA ETERNA®-Übung

Wählen Sie ein bestimmtes Wort, das Sie oft sagen oder bei anderen oft hören und das Sie stört. Vielleicht mögen Sie mit dem Wort „muss" beginnen, mit dem Wort „Problem" oder auch einem anderen. Wiederholen Sie dieses Wort dreimal und hören Sie in sich hinein. Wie geht es Ihnen mit diesem Wort? Hat es eine Wirkung auf Sie? Wie beschreiben Sie diese Wirkung?
Lenken Sie Ihre Aufmerksamkeit für vier Wochen auf dieses Wort. Nehmen Sie es in Ihrer eigenen Sprache wahr und auch bei anderen. Korrigieren Sie dabei bitte niemanden. Sie können andere bitten, Sie bei Ihrer Sprache auf Ihre Formulierungen aufmerksam zu machen.
Dann wandeln Sie dieses eine von Ihnen gewählte, belastende Wort. Finden Sie neue Formulierungen, die Ihnen gut tun. Fühlen Sie auch hier die Wirkung. Beobachten Sie die Wirkung Ihrer neuen Wortwahl in Ihrem Leben.

Martin machte diese Übung mit einem Wort, das zu seiner Lebenssituation passte. Er hatte einen übervollen Terminkalender und stand täglich unter großem Druck. Er wollte an seiner Situation etwas wandeln. Er wählte das Wort „müssen" als sein erstes Schlüsselwort und achtete vier Wochen lang auf dieses eine Wort. Erst jetzt merkte er, wie oft er „müssen" sagte. Er sagte es beinahe in jedem Satz, als er mit dieser Übung anfing. Erst da wurde es ihm bewusst. Wenn er von seiner Tagesplanung sprach, klang dies bei ihm bis dahin so: „Ich muss heute Vormittag zu zwei Besprechungen. Da müssen wir einige wichtige Fragen klären und dann eine Beschluss fassen. Am Nachmittag muss ich dann schon wieder in eine Sitzung. Dann muss ich schauen, dass ich rechtzeitig nach Hause komme, denn wir müssen heute ins Konzert. Da haben wir Karten."

Martin erschrak, als ihm sein Sprachgebrauch bewusst wurde. Er spürte den Druck, den er sich selbst und natürlich auch anderen damit machte, zusätzlich zu dem Druck, der sowieso schon da war. Nun sah er manche Bemerkungen seiner Mitarbeiter und auch seiner Frau in einem neuen Licht. Sie klagten oft darüber, dass er so viel Druck ausstrahle. Diese Einsicht machte es ihm leicht, auf seinen Sprachgebrauch zu achten.

Mit der Zeit gelang es ihm immer besser, sein „müssen" zu bemerken. Oftmals konnte er es einfach weglassen. Martin hatte Humor und er lachte immer wieder, wenn er bei sich schon wieder ein „müssen" entdeckt hatte. Er nahm es heiter und gelassen und wandelte so gut als möglich seinen Sprachgebrauch. Von Martin fiel Druck ab und er entspannte sich sichtlich. Nun konnte er mit den täglichen Anforderungen besser umgehen und fand kreative Lösungsansätze, die ihm vorher vor lauter Druck nicht in den Sinn gekommen waren. Damit strahlte er mehr innere

Sammlung aus und gewann in seinem Tun an Effizienz. Als Folge davon behandelte ihn sein Umfeld anders als vorher.

Für Martin war „müssen" das erste Schlüsselwort. Für Hildegard war es das Wort „Problem". Sie sprach bis dahin immer von Problemen, auch wenn keines da war. Dies wurde ihr bewusst, als sie ihre Gedanken laut aussprach: „Ich werde heute ein Geschenk für meine Kollegin kaufen. Das wird kein Problem sein." Sie bemerkte, wie oft sie dieses Wort gebrauchte – in allen möglichen Variationen wie „unproblematisch", „problembeladen" und „problemlos".

Sie machte Wortproben mit diesen einzelnen Wörtern und empfand sie als schwer. Sie sah im Spiegel, wie sie sich nach vorn beugte und ein ernstes Gesicht machte. Dieses Wort war in ihren persönlichen Sprachgebrauch geraten und hatte dort einen großen Platz eingenommen. Nun machte sie sich daran, das Wort „Problem" aus ihrer Alltagssprache herauszunehmen und Alternativen zu finden.

Hildegard sagte nun beispielsweise nicht mehr: „Der Kunde X. ist ein großes Problem für uns." Sie sagte jetzt: „Der Kunde X. stellt uns vor eine große Herausforderung." Statt „Mein Pferd ist völlig unproblematisch" sagte sie: „Mein Pferd hat einen guten Charakter und ist gut zu haben." Sie hatte Freude daran, Wörter und Redewendungen mit „Problem" zu entdecken und eines nach dem anderen zu wandeln. Sie beobachtete die Wirkung in ihrem Leben. Anfangs konnte sie es kaum glauben und doch war es so: In der Folge lösten sich manche Schwierigkeiten in ihrem Leben und sie gewann an Leichtigkeit. Sie hatte dem Problem-Denken den Rücken gekehrt und ihren inneren Blickwinkel gewandelt.

3. LINGVA ETERNA®-Übung

Was sind Ihre ersten beiden Schlüsselwörter? Wählen Sie eines, das Sie hinter sich lassen wollen, und wählen Sie als zweites ein Wohlfühl-Wort, dem Sie in Ihrem Leben mehr Raum geben wollen.
Schreiben Sie zehn konkrete Sätze auf, in denen dieses neue Wort in Ihrer persönlichen Sprache einen guten Platz haben kann. Integrieren Sie es in Ihr Denken und Sprechen. Achten Sie vier Wochen lang auf diese beiden Schlüsselwörter. Beobachten Sie die Wirkung in Ihrem Leben!

Muss ich Sie wörtlich nehmen?

Die alltägliche Sprache ist manchmal kurios, und zwar erst auf den zweiten Blick. Ausländer und Kinder merken dies manchmal schneller als jemand, der die allgemein übliche Ausdrucksweise schon oft gehört und als normal angenommen hat. Wir gewöhnen uns alle an die Sprache, mit der wir groß werden, und wir empfinden die uns bekannte Ausdrucksweise als völlig „normal". Wir wissen, was jemand meint, auch wenn er etwas anderes sagt. Und doch hat jedes Wort und auch jede Redewendung eine Wirkung, auch wenn wir sie so bestimmt nicht meinen und wollen.

Wie ist es beispielsweise, wenn ein Außendienstler bei seinen Kunden vorbeifährt? Will er nun halten und läuten? Oder will er wirklich vorbeifahren? Es ist einsichtig, dass er sie nicht oder oft nicht erreicht. Er fährt bei ihnen nur vorbei.

Ähnlich ist es, wenn jemand einen Besuch abstatten will und sagt, dass er bei diesem Menschen vorbeischaut. Er kann ihn gar nicht sehen, wenn er nur vorbei schaut.

Ein persischer Arzt erzählte aus dem Krankenhaus, in dem er in Deutschland tätig ist. Er sprach von einer Situation, die er direkt nach der Mittagspause miterlebt hatte. Ein Patient bat die Mitarbeiterin an der Anmeldung um einen Termin am Nachmittag. Diese Frau sagte, wie gesagt direkt nach dem Mittagessen, folgenden bemerkenswerten Satz: „Das geht leider nicht. Wir sind voll bis oben." Wie ist das zu verstehen? Dieser Satz klingt wie eine etwas derbe Darstellung des Sättigungsgrades. Erst nach einem verschraubten Entschlüsseln der Botschaft ist klar, dass sie mit „wir" nicht sich, sondern ihren Terminkalender meint.

Der allgemeine Umgang mit Sprache ist wenig bewusst. So nimmt kaum jemand die Ungereimtheiten der wörtlich genommenen Sprache wahr. Dabei können sie Anlass zu vielem heiteren Gelächter sein.

Manche dieser gebräuchlichen Redewendungen befinden sich bei genauem Hinhören an der Grenze des Spaßes und sind damit nur bedingt lustig. So ist es beispielsweise mit dem locker gemeinten Satz: „Ich habe ein Attentat auf dich vor! Ich bitte dich, mich bei der nächsten Sitzung zu vertreten." Der Angesprochene wird die Ankündigung des Attentats nicht ernst nehmen und dem Kollegen sagen, ob er dessen Wunsch erfüllen wird oder nicht. Und doch ist es bedenklich, dass Menschen so leicht über die Ankündigung eines Attentats hinweggehen. Wir haben uns an Berichte von Attentaten gewöhnt. Sie sind leider ebenso alltäglich geworden wie sie in der Alltagssprache normal sind.

Es gibt zahlreiche Redewendungen, die im Allgemeinen – hoffentlich! – nicht wörtlich zu nehmen sind. Da ist beispielsweise der friedliche Ehemann, der seine mitteilungsfreudige Schwägerin regelmäßig am Telefon abwürgt. Dann ist da die vielgeschätzte Nachbarin, die von der Bombenstimmung bei ihrer letzten Einladung berichtet. Was sie wohl in Wirklichkeit mit ihren Gästen gemacht hat? Ebenso gefährlich klingt die an sich freundliche Therapeutin, die ihre Patienten umlegt, während sie in Wirklichkeit Änderungen in ihrem Terminplan vornimmt.

Besorgniserregend klingt es auch, wenn jemand seinen Gesprächspartner in einem Gespräch auf etwas festnageln oder aber auf die Folter spannen will. Es gibt da ein ganzes Qual- und Foltervokabular, das so manchen Menschen schrecklich leicht über die Lippen kommt. Obendrein gebrauchen sie es oftmals in an sich angenehmen Situationen. Vielleicht gehören Sie ja auch dazu und spannen jemanden vor seinem Geburtstag auf die Folter und verraten ihm nicht, mit welchem Geschenk Sie ihm eine Freude machen werden. Das ist schon fast sadistisch.

Ich ermuntere Sie, die allgemein übliche Sprache in ihrer wörtlichen Bedeutung zu betrachten. Beginnen Sie, die Sprache mit neuen Augen zu sehen und mit neuen Ohren zu hören. Sie werden zahlreiche Ausdrucksweisen irritierend und merkwürdig oder auch abstrus finden, die Sie bis dahin nie als solche wahrgenommen hatten. Der nächste Schritt mag dann sein, dass Sie solche Ausdrucksweisen für sich prüfen und wählen, ob Sie sie in Ihrem eigenen Sprachgebrauch behalten wollen oder nicht.

Viele der wörtlich genommenen Redewendungen und Ausdrucksweisen sind lustig. Ein Brasilianer erzählte mir, wie es ihm erging, als er das erste Mal von einem einwandfreien Gebäude gehört hatte. Er war sicher, dass es sich um eine Garage mit einer offenen Wand handeln würde. Er hatte herzlich gelacht, als er die wahre Bedeutung von ‚einwandfrei' erfuhr. Und was für ein Bild haben Sie, wenn

Sie hören, dass bei jemandem alles klappt? Ist das nicht furchtbar laut, wenn eine Klappe nach der anderen klappt?

Ich wünsche Ihnen Freude beim wörtlichen Beleuchten Ihrer täglichen Sprache!

Machen Sie ganze oder halbe Sätze?

Mit LINGVA ETERNA® lenken wir unsere Aufmerksamkeit auf die Struktur der Sprache. Die Art und Weise, wie Menschen Sätze bilden, sagt viel von ihnen aus und hat gleichzeitig eine starke Wirkung auf sie selbst und auf ihr Umfeld.

Manche Menschen bilden vollständige Sätze. Bei ihnen ist jeder Satz komplett und rund. Ihre Sätze haben ein Subjekt, ein Prädikat und ein Objekt und am Ende einen Punkt, ein Fragezeichen oder ein Ausrufezeichen.

Ein einfacher Aussagesatz heißt dann beispielsweise so: „Ich öffne das Fenster." Dabei ist „ich" das Subjekt, „öffne" das Prädikat und „das Fenster" das Objekt.

Subjekt	Prädikat	Objekt
Ich	öffne	das Fenster

Als Frage an eine zweite Person heißt dieser Satz: „Öffnest du das Fenster?" und als Aufforderungssatz: „Öffne das Fenster!" Es klingt so einfach und so selbstverständlich. Hier stellt jeder Satz eine vollständige Einheit dar. Und doch ist die Wirklichkeit im Sprachgebrauch des Großteils der Bevölkerung ganz anders.

Menschen mit ganzen, vollständigen Sätzen wirken klar und gut strukturiert. Sie strahlen dies auch aus. So bedingt ihre Art zu sprechen ihre Art der Körperbewegung und ihre Ausstrahlung. Damit geben sie ein klares Signal, ohne sich dessen im Einzelnen bewusst zu sein. Ihnen ist meist nicht klar, dass ihr Satzbau vollständig ist. Sie sprechen so von klein auf und kommen gar nicht auf die Idee, unvollständige oder abgebrochene Sätze zu bilden. Dies ginge ihnen gegen den Strich. So tun sie es auch nicht oder fast nie. Diese Menschen bilden die Minderheit der Bevölkerung.

Der Großteil bildet unvollständige, halbe Sätze. Viele Menschen brechen ihre Sätze ab und setzen unvermittelt wieder neu an. Der abgebrochene Gedanke hängt unvollständig in der Luft und der Gesprächspartner darf schauen, wie er mit den Satz- und Gedankenfragmenten klarkommt. Ein Satz kann dann so klingen: „Also, gestern bin ich die Stadt gefahren zum, äh, die Handwerker kamen nicht rechtzeitig und dann kam mir halt alles durcheinander, also, in der Stadt war ich erstmal bei der Bank ..."

Solche Art zu reden ist für den Sprecher und auch für den Hörer ermüdend. Menschen, die ihre Sätze und damit Gedanken nicht zu Ende bringen, wirken konfus und desorganisiert. Sie verwirren und verwickeln sich und ihre Gesprächspartner durch ihre Art zu sprechen und zu denken. Auch in ihrem Leben bringen sie oftmals Handlungen nicht oder nur mit großem Aufwand zu einem Ende.

Es gibt vielerlei Möglichkeiten, unvollständige Sätze zu bilden. Eine Fehlerquelle für einen unvollständigen Satz ist das Fehlen des Subjekts. Viele Frauen, seltener auch Männer, bilden Sätze oftmals ohne Subjekt. Bei ihnen kann ein Satz so klingen: „Gehe jetzt zur Sitzung." Oder: „Hole die Kinder vom Fußball ab." Sie selbst kommen in ihrem eigenen Denken gar nicht vor. Es ist einsichtig, dass auch andere sie nicht sehen und ihnen folglich auch keinen Dank sagen. Sie selbst geben ein entsprechendes Signal und laden ihr Umfeld dazu ein.

Ganze Sätze geben vollständige Botschaften und ermöglichen und zeigen Erfüllung. Halbe Sätze zeigen und bewirken Mangel. Bei ihnen fehlt immer etwas. Entweder fehlt das Subjekt oder das Objekt oder auch ein ganzer Satzteil. Halbe und abgebrochene Sätze laden Fehler und Mangel förmlich ein. So wie die Worte eines Menschen den Bausteinen seines Leben entsprechen, so entspricht sein individueller Satzbau dem Bauplan seines Lebens.

Jeder Mensch kann jederzeit lernen, vollständige Sätze zu bilden. Die Voraussetzung dafür ist einzig und allein seine Bereitschaft, auf seinen Satzbau zu achten und nur kurze, einfache Sätze zu bilden. Dies klingt leichter als es ist. Am Anfang empfinden viele der an verworrene oder unvollständige Sätze gewöhnten Menschen diese einfache Sprache als befremdlich einfach. Ihnen fehlt das Komplizierte oder auch das Gehetzte. Doch schon bald merken sie, dass die einfachen Sätze eine spürbar entlastende Wirkung auf ihre Lebensgestaltung haben. So manches wird für sie einfach, was vorher kompliziert war oder gar unentwirrbar schien. Und vieles kommt in ihr Leben, was ihnen vorher fehlte und was sie sich oft schon lange gewünscht hatten. Diese Erfolgserlebnisse beflügeln.

Cordula ordnete ihren Satzbau

Cordula kam zu uns in einer zermürbenden Lebenssituation, die für sie schier unerträglich war. Wenn sie sprach, dann waren die meisten Sätze unvollständig. Bei vielen Sätzen fehlte das Subjekt, und oftmals brach sie den Satz mittendrin ab und setzte immer wieder neu an. Dieser Satzbau spiegelte direkt ihre Lebenssituation wider. Sie machte immer wieder einen neuen Anfang, und jedes Mal gab es einen neuen Bruch. Es war wie bei Sisyphus. Sie kam nicht wirklich weiter. Sie fing immer wieder von vorne an und war erschöpft.

Dann begann Cordula auf ihren Satzbau zu achten. Sie bemerkte erst jetzt, wie viele ihrer so dahin gedachten Sätze unvollständig waren. Hier konnte sie ansetzen. Nichts und niemand konnte ihr hier im Weg stehen, auch nicht die sogenannten äußeren Umstände. Cordula lenkte in den nächsten vier Wochen ihre Aufmerksamkeit in erster Linie auf den Satzbau. Danach griff sie weitere sprachliche Anregungen auf. Sie wurde in den kommenden Wochen emotional sichtlich stabiler und konnte ihre extrem schwierige Situation zunehmend souverän handhaben.

Während sie Ordnung in ihren Satzbau brachte, ordnete sich Schritt für Schritt manches in ihrem Leben und fügte sich auf wundersame Art. Dies begann damit, dass sie wie im Handumdrehen eine neue Wohnung fand, die für sie wie maßgeschneidert und gut bezahlbar war. Und so ging es mit einigen Dingen, die sie sich schon lange gewünscht hatte. Sie sah und staunte. Ihr wurde die Wirkung von Denken und Sprechen auf das Erleben im Alltag klar. Sie erkannte, welche schöpferische Kraft in der Sprache liegt und welche Möglichkeiten sich ihr nun auftaten. Eine tiefe Ehrfurcht packte sie und gleichzeitig eine riesige Freude. Sie fühlte große Dankbarkeit.

Als ich sie wieder sah, strahlten ihre Augen. Sie kam mit anmutigem Schritt aufrecht herein. Sie war innerlich und auch äußerlich sichtlich aufgerichtet. Das Bittere und Traurige war von ihr gewichen. Statt dessen strahlte sie etwas Weiches und Hoffnungsfrohes aus.

Bandwurmsätze machen das Leben kompliziert

Lange, komplizierte Sätze gelten vielfach als Ausdruck von Bildung. Sie erfordern und schulen ein kompliziertes Denken. Sie sprechen in erster Linie den Verstand und das Denken an, wobei sie das Denken einseitig überbetonen. Die guten Ideen kommen nicht aus dem Verstand und dem Denken. Sie kommen oftmals gerade dann, wenn ein Mensch innerlich gelöst ist, sich einfach wohlfühlt und an gar nichts denkt. Aus diesem Grund lohnt es sich, das übermäßige Betonen des Denkens zu erkennen und an manchen Stellen bewusst einfach zu werden. Die langen Sätze bieten sich hier als Übungsfeld an.

Es ist eine große Herausforderung, statt langer Sätze kurze Sätze zu bilden. Vielen Menschen fehlt am Anfang das Komplizierte, Verschachtelte, an das sie sich in ihrer Alltagssprache und in ihrem Leben so gewöhnt haben. Vieles wird dann in der Ausdrucksweise auf einmal so einfach und so klar, dass es ihnen erst einmal neu und beinahe fremd ist. Sie erleben in der Folge, dass sie mit ihren Mitmenschen viel leichter klarkommen als vorher und dass ihnen manches leicht gelingt, was vorher nur schwer oder mit Mühe möglich war.

Das Bilden kurzer Sätze bringt ein Umdenken mit sich. Ich mag Ihnen dafür ein Beispiel geben. Dafür wähle ich einen ganz alltäglichen „weil"-Satz: „Ich lerne heute noch zwei Stunden, weil ich eine Prüfung vorbereite." Mit diesem Nebensatz liefert der Sprecher den Grund für das Lernen nach. Dadurch klingt dieser Nebensatz wie eine Rechtfertigung. Diesen komplexen Satz löse ich auf und mache daraus zwei Sätze: „Ich bereite eine Prüfung vor. Darum lerne ich heute noch zwei Stunden." Diese beiden Sätze sind in sich vollständig. Sie haben beide eine klare Aussage. Mit diesem Satz wirkt der Sprecher klar und zielorientiert. Er hat Kraft und Klarheit in seiner Aussage und auch in seinem Tun.

Die Wirkung von kurzen Sätzen ist faszinierend. Kurze, einfache Sätze bringen Klärung und Klarheit. Sie schaffen Ordnung und machen vieles einfach. Es gibt eine Wechselwirkung von komplizierten, verschachtelten Sätzen und komplizierten Lebenssituationen und auch eine Wechselwirkung von einfachem, klarem Denken und Sprechen und klarem, gut strukturiertem Handeln.

4. LINGVA ETERNA®-Übung

 Wollen Sie die Wirkung von einfachen Sätzen erfahren? Ich lade Sie ein zu einer Übung. Ich nenne sie das Nebensatz-Fasten:
Fasten Sie vier Wochen lang Nebensätze. Bilden Sie täglich zweimal für eine halbe Stunde nur kurze, vollständige Sätze ohne jeglichen Nebensatz. Sprechen Sie langsam und hören Sie in sich hinein.
Wie empfinden Sie die Wirkung der kurzen Sätze auf sich selbst und auf Ihr Umfeld?
Beobachten Sie, was sich in dieser Zeit in Ihrem Leben bewegt.

Die Satzmelodie ist verräterisch

Die Satzmelodie zeigt viel von einem Menschen. In der Schule lernen Kinder zu lesen. Beim Vorlesen einer Geschichte lernen sie von ihren Lehrern und Lehrerinnen, am Ende eines Satzes mit der Stimme nach unten zu gehen. Der Punkt am Satzende zeigt ihnen an, wann sie die Stimme absenken. Beim Vorlesen senken die Kinder und auch viele Erwachsene die Stimme am Ende eines Aussagesatzes ab.

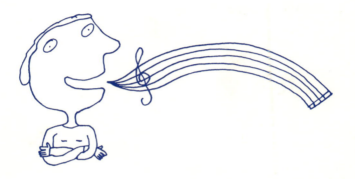

Das Sprechen in den verschiedenen Situationen des Alltags folgt anderen Gesetzmäßigkeiten als das laute Lesen oder Vorlesen. Erwachsene und auch Schulkinder sprechen so, wie sie es schon als kleine Kinder in der Familie, auf der Straße und von ihrem Umfeld gelernt haben. Das gilt auch für die Satzmelodie, und hier natürlich auch für Lehrer. Beim Sprechen bleiben diese wie andere Erwachsene auch mit der Stimme in der Luft hängen.

Müssen Sie manches mehrmals sagen?

Beim Großteil der Erwachsenen bleibt die Stimme am Ende eines Aussagesatzes oben. Die Satzmelodie steigt bei ihnen vom ersten Wort eines Satzes an kontinuierlich nach oben an. Die Wörter fliegen gleichsam davon. Die Stimme senkt sich nicht wieder ab. Der Satz bleibt offen. Dann beginnt eine neue Aussage und wieder steigt die Satzmelodie von unten nach oben bis hin zum Ende eines Gedankens. Dann wiederholt sich das Muster. Diese Menschen machen nur selten wirklich einen Punkt. Sie kommen auch im übertragenen Sinn nicht auf den Punkt. Es ist ermüdend, sie anzuhören. Bereits nach wenigen Minuten lässt auch beim besten Willen die Konzentration des Hinhörenden nach.

Menschen mit einer solchen beständig von Neuem ansteigenden Satzmelodie arbeiten in ihrem Leben zu viel, gemessen an dem, was dabei herauskommt. Sie fangen immer wieder von vorne an: Sie roden, sie pflügen, sie eggen, sie säen, sie pflegen – und wenn es Zeit für die Ernte ist, dann sind sie nicht da. Sie überlassen die Ernte anderen, ohne dies bewusst zu tun. Sie laden Früchteklauer in ihr Leben regelrecht ein. Diese fahren dann die Ernte ein und leben auf ihre Kosten. Sie danken ihnen dafür nicht. Während die Früchteklauer ernten, sind sie schon wieder dabei, sich anzustrengen und sich Mühe zu geben. Sie roden dann schon wieder und pflügen und eggen usw. Das geht immer so weiter. Sie sind es so gewöhnt und kennen es nicht anders. Darum finden sie es auch so, wie es ist, normal. Sie sind wie in einem Hamsterrad. Menschen mit dieser Prägung haben eine charakteristische Satzmelodie.

Erika ist in dieser Hinsicht ein Musterbeispiel. Als ich sie kennen lernte, war sie beruflich chronisch überlastet und privat hatte sie Schwierigkeiten, sich von Problemgeschichten ihrer Freundinnen abzugrenzen. Sie fühlte sich von ihnen belastet und gleichzeitig wollte sie ihren Freundinnen helfen. Nach ihrer Aussage war sie offen für alles und konnte sich nicht abgrenzen. Erikas Lebenssituation fand ihre Entsprechung in der Satzmelodie: Ihre Sätze blieben am Ende beinahe immer offen. Sie war nicht ganz dicht.

Bald erkannte sie einen Zusammenhang zwischen ihrer Satzmelodie und ihrem Leben. Sie arbeitete ohne Pausen. Wenn ihre Kollegen eine Pause machten, ging sie schon wieder an die nächste Arbeit. Sie arbeitete pausenlos. Ihre Satzmelodie war ein Spiegelbild dieser Handlungsweise. Sie begann ganz normal mit einem Satz und führte ihre Stimme mit einem Gedanken immer weiter nach oben. Dabei kam sie nie auf den Punkt. Sie reihte einen Gedanken an den anderen oder auch nur ein Gedankenfragment an das andere. Selbst bei einfachen, kurzen Sätzen blieb sie mit ihrer Stimme am Satzende hoch oben. Ihre Stimme war ermüdend – und sie kam nie auf den Punkt.

Ich machte Erika auf ihre Satzmelodie aufmerksam und bot ihr eine Übung an. Sie willigte interessiert ein. Ich bat sie, ein paar Sätze aus ihrem Alltag zu erzählen. Ich kündigte ihr an, dass ich sie bereits nach drei bis vier Sätzen ansprechen und unterbrechen würde. Erika begann aus ihrem beruflichen Alltag zu erzählen. Dabei hörte ich den Inhalt ihrer Aussage und achtete gleichzeitig im Sinne von LINGVA ETERNA® auf die Struktur ihrer persönlichen Sprache.

Ihr Satzbau war verwickelt und lang, und die Satzmelodie war nach oben offen. Nach drei Sätzen unterbrach ich sie und bat sie, dieselben Sätze nochmals zu sagen und dabei die Stimme am Satzende jeweils abzusenken. Ich führte sie schrittweise durch diese Übung. Sie stellte für sie eine große Herausforderung dar. Sie achtete nach ihrer Aussage das erste Mal in ihrem Leben auf ihre Satzmelodie und auf den Punkt am Ende des Satzes. Das war für sie völlig neu. Es gelang ihr kaum, die Stimme am Satzende abzusenken. Ich bot ihr eine Hilfe an und bat sie, am Satzende jeweils „Punkt" zu sagen und danach eine kleine Pause zu machen. Nach einigem Üben hatte sie den Bogen heraus und konnte mit jedem Satzende die Stimme absenken. Dabei bildete sie kurze, einfache Sätze. Sie fühlte sich damit gut und empfand sich als gesammelt. Sie strahlte jetzt Kompetenz und Klarheit aus.

Nach diesem Erfolgserlebnis blieb Erika an dieser Übung und lenkte weiterhin ihre Aufmerksamkeit auf ihre Satzmelodie. Bald schon bemerkte sie angenehme Auswirkungen auf ihr Leben. Allem voran konnte sie jetzt Pausen machen und sie genießen. Sie kam innerlich zur Ruhe und fühlte sich kraftvoll und energiegeladen.

Mit dieser scheinbar kleinen Korrektur stellte Erika eine neue Weiche in ihrem Leben. Und bald merkte sie die Wirkung. Von nun an nahmen Menschen sie viel mehr wahr als vorher und schenkten ihr und auch ihrem Tun und ihren Anregungen weit mehr Aufmerksamkeit. Ihr Umfeld konnte sie von nun an deutlich wahrnehmen und auch ernst nehmen. Dabei ist sie genau derselbe Mensch geblieben, der sie schon immer war. Ihr Inneres kam zum Leuchten.

Die Satzmelodie ist ein kraftvoller Schlüssel auf dem Weg in ein selbstbestimmtes, von Eigenverantwortung getragenes Leben. Das Beleuchten der Satzmelodie und ihre jeweilige Wechselwirkung mit individuellen Lebenssituationen hat bei LINGVA ETERNA® einen hohen Stellenwert.

Erlauben Sie sich Wirkung!

Nur ein kleiner Teil der Bevölkerung wird von klein auf mit der Satzmelodie groß, die Erika als so wertvoll kennen lernte und sich bewusst aneignete. Sie sprechen als Jugendliche und noch später als Erwachsene so, wie sie es als Kinder gelernt haben. Bei ihnen hat jeder Satz einen klaren Anfang, eine klare Mitte und ein klares Ende. Die Satzmelodie begleitet die einzelnen Gedankengänge. Am Ende eines Satzes senken sie die Stimme ab und machen eine winzig kleine Pause. Diese Pause entspricht dem Punkt beim Schreiben. Bei ihnen wird der Punkt hörbar. Sie kommen auf den Punkt und machen klare Aussagen. Die Pause am Satzende ist von großer Bedeutung. Sie ermöglicht dem bereits gesprochenen Satz oder Wort eine Wirkung. Des Weiteren gibt eine minimale Pause dem Hörenden das Signal, dass danach eine bedeutsame Aussage folgt. So hört er umso lieber hin. Es ist angenehm, ihnen zu lauschen. Ihre Art zu sprechen steigert ihre Wirkung. Sie wirken und haben Wirkung.

Michael ist ein gebildeter und tüchtiger Geschäftsmann mit großem Können und Weitblick. Er strahlt eine wohltuende innere Ruhe aus und handelt bei allem, was er tut, aus dem Augenblick heraus. Er zeigt volle Präsenz. So sieht er das Erforderliche und das Mögliche und handelt danach. Sein Satzbau, seine Wortwahl und seine Satzmelodie spiegeln dies wider. Seine Sätze schwingen in einem Bogen und haben am Ende einen hörbaren Punkt. Ihnen entsprechend hat er in seinem vollen Alltag immer wieder Ruhepunkte. Michael hatte das große Glück, mit diesem Denken und Sprechen groß zu werden.

Es wäre nun ein Trugschluss zu glauben, dass alle erfolgreichen und zielorientierten Menschen so sprechen und mit ihrer Stimme am Satzende heruntergehen und am Ende einen hörbaren Punkt machen. Es gibt in allen Lebensbereichen eine große Zahl von engagierten, tüchtigen Menschen, die mit der Stimme am Satzende oben bleiben und dennoch wirtschaftlich und beruflich die Füße auf dem Boden haben.

Sie spüren mit den Jahren die belastenden Auswirkungen ihres Denkens und Sprechens, ohne sich der Ursachen bewusst zu sein. Sie fühlen sich schlapp und müde und haben das Gefühl, dass die Energie ihnen wegfließt. Dies kann bis zum Burnout gehen. Sie fühlen sich chronisch überlastet. Eine andere Folge kann sein, dass sie sich und anderen ständig Druck machen, um so die wegfließende Energie unbewusst auszugleichen. Dies ist anstrengend und macht auf Dauer krank.

So können auch erfolgreiche Menschen mit LINGVA ETERNA® und dem Wissen um die Wirkung der Satzmelodie ihre Lebensqualität erheblich steigern. Mit der Wandlung der Satzmelodie eröffnen sich auch ihnen neue Perspektiven.

Satz-Salat mit gemischten Zutaten

Bis hierher habe ich nur Aussagesätze angesprochen und die Satzmelodie dieser Aussagesätze betrachtet. Sie haben am Ende einen Punkt, und der Sprechende senkt am Satzende die Stimme. Wie Sie wissen, bleiben zahlreiche Menschen dennoch am Ende des Satzes mit der Stimme oben und bleiben damit stimmlich in der Luft hängen.

Damit haben sie die Satzmelodie eines Fragesatzes auf den Aussagesatz übertragen, ohne eigentlich eine Frage stellen zu wollen. Das erzeugt beim Hörenden natürlich eine Irritation. Diese ist meist unbewusst, und doch ist sie da.

Nun lenke ich Ihre Aufmerksamkeit nach den Aussagesätzen auf die beiden weiteren Satztypen, die wir im Deutschen haben. Dies sind der Fragesatz und der Aufforderungssatz. Ich stelle diese drei Satztypen anhand eines Beispielsatzes nebeneinander. Als Ausgangssatz wähle ich den folgenden Satz: „Du gehst ins Geschäft und kaufst Obst."

Dieser Satz ist ein Aussagesatz. Mit ihm macht der Sprecher oder Schreiber eine Aussage. Die Stimme senkt sich am Aussagesatz ab. Am Ende steht ein Punkt.

Nun folgt der Fragesatz. Mit ihm stellt der Sprecher oder Schreiber eine Frage: „Gehst du ins Geschäft und kaufst Obst?" Beim Fragesatz bleibt die Stimme am Satzende oben. Am Ende des Fragesatzes steht ein Fragezeichen.

Als drittes folgt der Aufforderungssatz. Der heißt bei unserem Beispiel: „Gehe ins Geschäft und kaufe Obst!" Hier steht am Satzende ein Ausrufezeichen. Die Satzmelodie ist deutlich anders als beim Fragesatz und beim Aussagesatz. Die Stimme klingt bestimmt und steigt gleichzeitig am Satzende an.

Im allgemeinen Sprachgebrauch gibt es ein weit verbreitetes Durcheinander dieser Satztypen. Fragen, Aussagen und Aufforderungen sind oft bunt gemischt. Die Satzmelodie widerspricht dann dem Satzbau. So sendet der Sprecher mit seinem Satz eine doppelte Botschaft. Und der Hörende empfängt eine verwirrende Botschaft. Er braucht etliche Augenblicke, um die Nachricht an Hand von weiteren ihm teilweise bereits bekannten Informationen zu entschlüsseln und dann verspätet zu handeln oder zu antworten. Es ist auch möglich, dass er nichts tut. So kann er nichts Falsches machen. Das jedoch ist sicher nicht im Sinn des Sprechers. Eine Missstimmung ist die mögliche Folge.

Ich gebe Ihnen eine Auswahl an Beispielen für solche gemischten Sätze. Sie sind allgegenwärtig: „Können sie mir bitte den Mantel herüberreichen?" Oder: „Machen Sie eben bitte einmal das Fenster auf?" Das sind Fragen, die jedoch keine wirklich klaren Fragen sind. Das „bitte" in der Frage zeigt, dass der Sprecher mit dieser Frage eine Bitte zum Ausdruck bringen will und eben nicht wirklich eine Frage stellt.

Die Verwirrung steigt, wenn die Satzmelodie eine Aufforderung transportiert. Dann wird klar, dass diese beiden Sätze in Wirklichkeit drei Sätze auf einmal sind.

Der Satz „Können Sie mir bitte den Mantel herüberreichen?!" besteht aus einer Frage, einer Bitte und danach aus einer Aufforderung. Der Sprecher meint vermutlich Folgendes: „Darf ich Sie um etwas bitten?" – Reaktion abwarten. – „Bitte reichen Sie mir den Mantel herüber!" Oder auch: „Ich habe eine Bitte an Sie!" – Reaktion abwarten. – „Bitte reichen Sie mir den Mantel herüber!"

Der zweite Satz „Machen Sie eben bitte einmal das Fenster auf?!" ist durch die Wortwahl eine klare Aufforderung. Der Angesprochene wird gleich wissen, was er zu tun hat. Und dennoch liegt durch die Melodie eines Fragesatzes etwas Verwirrendes in der Aufforderung. Neu formuliert kann der gleiche Satz so klingen: „Ich habe eine Bitte an Sie!" – Reaktion abwarten. – „Bitte öffnen Sie das

Fenster für fünf Minuten!" Dies ist eine Bitte. Eine Anweisung kann so klingen: „Herr X! Bitte öffnen Sie das Fenster!" Hier spielt der Ton eine große Rolle.

Die meisten Erwachsenen gehen davon aus, dass sie genau wissen, was der andere meint, wenn er solche verdrehten Sätze mit Mehrfachbotschaften sagt. Kinder brauchen erst eine Weile, um zu erfassen, was Erwachsene von ihnen wollen. Blick, Gestik und die Satzmelodie sowie der eigene gute Wille helfen ihnen über die Verwirrung hinweg. Wenn Sie ein kleines Kind fragen und gleichzeitig bitten: „Kannst du mir die Tasse bitte bringen?", dann wird es wahrscheinlich sagen: „Ja, das kann ich. Ich bringe dir die Tasse." Es entwirrt die Doppelbotschaft und antwortet auf jeden einzelnen Teil dieser entwirrten Botschaft. Schon mit vier, fünf Jahren verlieren sie ihre Klarheit und beginnen ebenso wie die sie umgebenden Erwachsenen ineinander gemischte Sätze zu bilden. Dies hat eine Auswirkung auf ihr Denken und Handeln.

Die klare Struktur und Eindeutigkeit der Kinder geht damit ein Stück weit verloren und mit ihnen etwas von ihrer wunderbaren, ursprünglichen Kraft. Verrückterweise bekommen die kleinen Kinder ein Lob, wenn sie die Erwachsenensätze verstehen und ihnen die Entwirrung gelungen ist und sie sogar selbst anfangen, so verdreht zu sprechen. Dies gilt aus einer missverstandenen Höflichkeit heraus dann als höflich und erstrebenswert. Das sind dann übertrieben gesprochene Sätze wie: „Könntest du mir bitte, wenn es dir nicht zu große Umstände bereitet, gerade einmal eben die Türe aufmachen?!"

Das Mischen von Satzarten zu einem Satz-Salat gibt es nicht nur bei den oben genannten freundlich und höflich gemeinten Bitten. Sie sind ebenso gängig bei Vorwürfen und ärgerlichen Aufforderungen. Die ärgerlichen Sätze unterscheiden sich von den obigen durch die Körpersprache, beispielsweise durch die grünen Blitze aus den Augen oder ein erregtes Schnaufen vor oder nach dem Satz oder Falten auf der Stirn und um den Mund. Am Ende des Fragesatzes kommt dann irritierenderweise oft ein Ausrufezeichen gleich nach dem Fragezeichen. Ein solcher Satz kann die folgende ärgerliche Frage von Eltern an ihr Kind sein: „Warum hast du denn schon wieder deine Schuhe im Weg herumstehen lassen?!" Es kann auch die vorwurfsvolle Frage der Frau an den Mann sein: „Warum hast du mir das nicht viel eher gesagt?!" Oder umgekehrt. Die Gestik und Mimik sowie die Stimmlage mögen Sie sich selbst ausmalen.

Bei diesen ärgerlichen Sätzen empfängt der Angesprochene mindestens vier unterschiedliche Signale: Dies sind erstens die jeweiligen körperlichen Signale, zweitens der Satzbau eines Fragesatzes, drittens die Satzmelodie der Aufforderung – sie fordert den Angesprochenen auf, eine Antwort zu geben – und viertens die Worte. Sie alle soll er unter einen Hut bringen.

Die körperlichen Signale sind die lautesten. Sie kommen beim Gesprächspartner immer an. Es ist naheliegend, dass gleich nach der Körpersprache die in dem jeweiligen Satz mitschwingenden Emotionen den Angesprochenen erreichen. Die wesentliche und in Wahrheit vom Sprecher gewollte Botschaft kommt beim Angesprochenen kaum oder gar nicht an. Dagegen bleibt der Vorwurf. Er bleibt nach dem Wortwechsel oftmals gleich einem Fehdehandschuh zwischen dem Sprecher und dem Angesprochenem auf dem Boden liegen.

Markus wurde mit LINGVA ETERNA® diese so weit verbreitete Verwirrung auf der Satzebene bewusst. Er ahnte nach einigem Ausprobieren bald die Tragweite einer verwirrten und auch die Tragweite einer geordneten Satzstruktur.

Er ist ein blitzgescheiter, strebsamer und feinfühliger Student. Er weiß genau, was er will, und geht seinen Weg konsequent Schritt für Schritt. Als ich ihn kennen lernte, war er am Ende seines Medizinstudiums. Es war ihm ein Anliegen, noch genauer als bislang auf seinen Sprachgebrauch zu achten. Er sah darin einen wesentlichen Aspekt für seine Tätigkeit als Arzt, sei es bei Anamnesegesprächen, bei Beratungen oder auch beim Überbringen von schweren Nachrichten.

Markus' Sprache war geprägt von gemischten Satztypen. Er stellte Fragen, wenn er Bitten äußern wollte. Es war ihm peinlich, eine klare Bitte zu formulieren. Er empfand sich dann als fordernd und sogar als schroff, wenn er sich dies auch nur vorstellte.

Ich bot ihm eine Übung an. Dafür bat ich ihn, eine Situation aus seinem studentischen Alltag auszuwählen. Er beschrieb ein werktäglich wiederkehrendes Ritual. Er ging an Vorlesungstagen täglich einmal mit Kommilitonen ins Café und bestellte sich dort einen Latte macchiato. Bislang klang seine Bestellung so: „Entschuldigung! Könnten Sie mir bitte gelegentlich einen Latte macchiato bringen?!" Er wiederholte diesen Satz noch zweimal und sprach dabei eine andere Seminarteilnehmerin an. Diese hatte dabei die Rolle der Bedienung. Sie achtete darauf, wie sie sich als Bedienung fühlt und welche Signale sie von Markus aufnahm. Bei dem wiederholten Bestellen hörte sie seine Worte und nahm seine Stimme wahr, und sie sah seine Körperbewegung.

Danach bat ich Markus, die gleiche Bestellung mit einer neuen Formulierung ohne Frage nochmals aufzugeben und dafür dieselbe Teilnehmerin zu wählen. Er sagte: „Bitte bringen Sie mir einen Latte macchiato!" Auch hier lauschte die Teilnehmerin auf die Worte, die Stimme und auf die Körpersprache. Sie reagierte prompt mit einem Ausruf: „Das ist ja ein Wahnsinn, was das für ein Unterschied ist!" Markus saß jetzt aufrecht und blieb auch aufrecht, seine Stimme war fest und seine Augen hatten einen anderen Blick als bei der Ausgangsformulierung mit den gemischten Satztypen. Auch er empfand den Unterschied.

Nun wünschte ich ihm, dass seine Stimme noch weicher wird, als sie es bei dem kurzen Satz war. Ich fragte ihn, ob er den Namen der Bedienung kenne. Wenn ja, dann empfahl ich ihm, sie mit ihrem Namen anzusprechen. Des Weiteren bat ich ihn, die Bestellung in der neuen Form nochmals aufzugeben und sich dabei seine Lieblingsfarbe vorzustellen. Er wählte spontan ein warmes Grün. Er hatte Spaß bei dieser Vorstellung. Nun sagte er den Satz und malte die Buchstaben und Worte grün an. Die Teilnehmerin lachte und strahlte. Spontan fragte sie ihn, wo denn der Latte macchiato sei, den sie ihm jetzt gleich bringen wolle. Sie fühlte sich in der Rolle der Bedienung als Mensch gesehen und spürte die Freude ihres Kunden auf den Latte macchiato. Sie hatte ihrerseits Freude daran, ihn zu bedienen. Sie sagte noch: „Diesen Kunden werde ich mir merken!" Markus freute sich schon auf seinen nächsten Café-Besuch und versprach uns, das nächste Mal von seinen Erfahrungen mit der Anwendung von LINGVA ETERNA® zu berichten.

Ich sah Markus acht Wochen später wieder. Er berichtete uns von seinen Erfahrungen. Die Besuche in dem Café hatten ihm bewusst gemacht, wie oft er Fragen und Bitten und Aufforderungen ineinander gemischt hatte. Er hatte in der Folge bemerkt, wie oft er in vielerlei Situationen seines Lebens die gleichen Satzmischungen machte, und daraufhin so gut als möglich Ordnung in seinen Satzbau gebracht.

Damit fühlte er sich wesentlich wohler und kraftvoller als vorher. Seine Augen leuchteten, und er strahlte eine warme Kraft und Tiefe aus. Er traute sich jetzt, sich zu zeigen. Ein Schleier war von ihm abgefallen. Mit dem geordneten Satzbau hatte er an Klarheit und Strahlen gewonnen. Markus fügte an, dass ihm auch sonst in diesen Wochen des Übens vieles klar geworden sei und er nun leicht anstehende Entscheidungen treffen könne.

Der Satz-Salat, den er bislang gehabt hatte, schien auf den ersten Blick nicht zu dem sonst so klaren und zielorientierten jungen Mann zu passen. Markus schüttelte bei meiner entsprechenden Bemerkung den Kopf und sagte, dass er sehr wohl zu seinen früheren Zeiten passe und alte Muster widerspiegele. Nun war er froh, dass er mit LINGVA ETERNA® einen Schlüssel zu diesen alten Mustern gefunden hatte. Er spürte, dass er sie damit hinter sich lassen konnte.

5. LINGVA ETERNA®-Übung

Wählen Sie eine konkrete Situation aus Ihrem täglichen Leben, in der Sie von jemandem etwas wollen. Dies kann eine Bitte sein oder auch eine Aufforderung. Es gibt vielerlei mögliche Situationen für diese so einfache und wirksame Übung wie beispielsweise das Aufräumen, das Tischdecken, das Öffnen der Fenster, das pünktliche Weggehen oder Ankommen und viele, viele weitere.

Was sagen Sie bis heute? Stellen Sie sich nun Ihre Situation bildlich vor und formulieren Sie Ihre Bitte oder Aufforderung auf die gewohnte Weise. Wiederholen Sie Ihren Satz noch einmal. Hören Sie sich sprechen und hören Sie auch in sich hinein. Begleiten Sie den Satz mit Mimik und Gestik. Wie klingt der Satz? Wie bewegen Sie sich bei dieser Formulierung? Ist der gewohnte Satz Ihnen angenehm, unangenehm oder ist er neutral?

Nun wählen Sie für die gleiche Situation eine neue Formulierung. Achten Sie darauf, dass Sie dabei eine klare Aufforderung oder eine klare Bitte äußern oder auch eine eindeutige Frage stellen. Dann stellen Sie sich wieder die gleiche Situation vor und sagen die neue Formulierung. Welche Mimik und Gestik sind hierfür stimmig? Die gleiche wie beim ersten Satz? Wiederholen Sie auch diesen Satz noch einmal. Wie geht es Ihnen mit dem neuen Satz? Nehmen Sie wiederum Ihre Mimik und Gestik wahr und auch Ihre Satzmelodie.

Nehmen Sie schon bei der nächsten Gelegenheit die Chance wahr und bilden Sie einen eindeutigen Satz mit klarem Satztyp. Erleben Sie die Wirkung!

Achten Sie vier Wochen lang auf das Erkennen, Entwirren und Ordnen von Satz-Salaten. Ärgern Sie sich bitte nicht, wenn Sie bei sich wieder einen Satz-Salat bemerken. Sonst werten Sie sich ab, während Sie gerade einen großen Schritt nach vorne gehen. Freuen Sie sich, dass Sie für die Wirkung der Sprache sensibel werden, das Durcheinander schon bemerken und gleich ordnen können.

Beobachten Sie die Wirkung dieser Übung auf Ihr Leben!

Überwinden Sie Ihr Grammatik-Trauma!

Die meisten Erwachsenen, die ich kennen gelernt habe, leiden an einem Grammatik-Trauma. Aus Schulzeiten erinnern sie sich an langweilige, öde Grammatikstunden. Sie haben vage Erinnerungen an verwirrende Bezeichnungen, die für sie inhaltsleer sind. Die Verwirrung wurde jedes Mal größer, wenn dasselbe Wort wieder einen anderen Namen bekam. Das Tunwort wurde ein Zeitwort, dann wurde es ein Verb und in bestimmten, meist wenig durchschauten Zusammenhängen hieß es auf einmal Prädikat. Spätestens hier stiegen die meisten Schüler innerlich aus dem Thema Grammatik aus. Es war für sie auch nicht einsichtig, wofür es gut sein sollte, dass sie den einzelnen Wörtern grammatikalische Bezeichnungen geben können sollten, wo sie ihre Sprache doch sicher sprachen und sie sich damit bestens verständigen konnten.

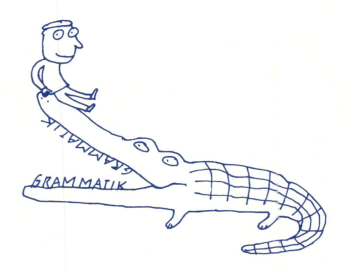

Das ist schade. Düstere Grammatik-Erfahrungen aus der Schulzeit versperren noch den Erwachsenen den Blick auf einen großen Schatz. So wie die Wörter gleichsam die Bausteine des Lebens sind, so entspricht die Grammatik dem Bauplan des Lebens. Es gibt eine Wechselwirkung von Satzbau und Lebensumständen.

Bereits kleine, gezielte Änderungen im Satzbau haben eine starke Wirkung auf das Denken, Sprechen und Handeln eines Menschen und eröffnen ihm ungeahnte, neue Sichtweisen und Handlungsspielräume.

Ich lade Sie ein, Grammatik neu zu entdecken und dabei Freude zu erleben!

Die Zeiten in der Sprache

Wir beleuchten mit LINGVA ETERNA® den individuellen Gebrauch der Zeiten und die jeweiligen Wechselwirkungen mit der Lebensgeschichte und Lebensplanung eines Menschen. Der korrekte Umgang mit den grammatikalischen Zeiten macht das Leben leicht. Der allgemein übliche Sprachgebrauch ist hier arm geworden. Die meisten Menschen beschränken sich auf das Präsens und das Perfekt. Es ist naheliegend, dass sie auch in ihrem Leben mit ihrer Zeit Schwierigkeiten haben. Es lohnt sich daher, den Zeiten Aufmerksamkeit zu schenken.

Die saubere Vergangenheit

Eine Deutsch- und Englischlehrerin betrat das Klassenzimmer einer sechsten Klasse und kündigte an, dass sie heute im Fach Deutsch Grammatik durchnehmen werden. Das

Perfekt und das Imperfekt sollten das Thema der Stunde werden.

Schon bei dem Wort Grammatik stöhnten die Schüler und Schülerinnen auf. Als sie dann noch die beiden Wörter Perfekt und Imperfekt hörten, streckten einige der Buben und Mädchen gelangweilt einen Arm auf den Tisch und legten Ihren Kopf darauf. Das Signal war klar.

Die Lehrerin hatte sich mit LINGVA ETERNA® befasst und dabei die kraftvolle Wirkung von Grammatik kennen gelernt. Es war ihr ein Anliegen, ihren Schülern klar zu machen, dass angewandte Grammatik angenehme und praktische Auswirkungen auf das Wohlbefinden und das tägliche Leben hat.

So begann sie die Stunde mit einem Hinweis auf die Wirkung von Imperfekt und Perfekt: „Grammatik kann interessant und nützlich sein. Das Wissen um Perfekt und Imperfekt hat ganz praktische Auswirkungen. Mit Imperfekt werdet ihr mit dem nächsten Liebeskummer viel leichter klarkommen als mit Perfekt!"

Nun waren alle Köpfe hoch gekommen. Das Interesse der Schüler und Schülerinnen war erwacht. Davon wollten sie mehr wissen.

Die Lehrerin nannte ihnen ein Beispiel: „Wenn ihr sagt: ‚Eva hat letzte Woche mit mir Schluss gemacht', dann ist das Perfekt. Und wenn ihr sagt: ‚Eva machte letzte Woche mit mir Schluss', dann ist das Imperfekt. Das Perfekt wühlt Gefühle auf und ist nah. Das Imperfekt hat eine andere Wirkung. Es beschreibt etwas, was in der Vergangenheit geschah. Es ist sachlich und bringt innere Ruhe und Gelassenheit." Nun folgte eine lebendige und freudvolle Grammatikstunde. Alle Kinder probierten eifrig und interessiert die unterschiedlichen Wirkungen von Sätzen mit Imperfekt und Perfekt aus.

Viele Erwachsene und erst recht Kinder und Jugendliche kennen die Formen des Imperfekt und des Plusquamperfekt nicht mehr genau und können diese Zeitstufen daher auch nicht sicher bilden. Für sie ist alles Vergangene im Perfekt. Das klingt dann beispielsweise so: „Wir haben letztes Jahr Urlaub auf dem Bauernhof gemacht. Vorher haben wir unser Haus renoviert."

Jeder versteht, was der Sprecher damit meint. Und doch stimmt der Gebrauch der Zeiten nicht. Der zweite Satz beschreibt eine frühere Handlung als der erste Satz. Daher gehört hier das Plusquamperfekt hin: „Wir haben letztes Jahr Urlaub auf dem Bauernhof gemacht. Vorher hatten wir unser Haus renoviert." Bei der ursprünglichen Variante fehlt die zeitliche Struktur in der Darstellung. Dies hat eine Auswirkung auf den Sprecher.

Damit Sie sich leicht an die Vergangenheitsformen erinnern können, finden Sie in der Tabelle einen Überblick:

Präsens	Wir machen Urlaub.	Wir kommen gerade an.
Perfekt	Wir haben Urlaub gemacht.	Wir sind gerade angekommen.
Imperfekt	Wir machten Urlaub.	Wir kamen gerade an.
Plusquamperfekt	Wir hatten Urlaub gemacht.	Wir waren gerade angekommen.

Das Imperfekt bilden wir bei den sogenannten schwachen Verben mit der Endung -te und -ten: Sie lobte/sie lobten, sie hüpfte/sie hüpften usw. Bei den sogenannten starken

Verben erfolgt die Bildung durch Ändern des Vokals in der Wortmitte: er rief/sie riefen, er fuhr/sie fuhren usw.

Das Perfekt bilden wir durch die Kombination des Verbs mit den sogenannten Hilfsverben sein, haben und werden: er ist gekommen/sie sind gekommen, er hat gerufen/sie haben gerufen usw.

Das Plusquamperfekt bezeichnet die Vorvergangenheit: er war gekommen/sie waren gekommen, er hatte gerufen/sie hatten gerufen usw.

Marianne konnte den Ärger hinter sich lassen

Marianne konnte mit Hilfe der korrekten Zeitenbildung alte Verletzungen aus der Kindheit hinter sich lassen. Als ich sie kennen lernte, sprach sie aufgeregt und empört davon, wie ihre Eltern mit ihr als Kind umgegangen waren. Bei ihrer Schilderung gebrauchte sie das Perfekt. Das klang so: „Meine Eltern haben mir nie erlaubt, mich schmutzig zu machen. Sie haben mir alles verboten, was mir Spaß gemacht hat. Und meinen Bruder haben sie mir immer vorgezogen ..." Sie redete sich bereits mit diesen wenigen Sätzen in eine innere Erregung hinein.

Nun bat ich sie, das Gleiche noch einmal zu sagen und dabei statt des Perfekts das Imperfekt zu benutzen. Sie ließ sich darauf ein. Nun klangen die Sätze so: „Meine Eltern erlaubten mir nicht, mich schmutzig zu machen. Sie verboten mir alles, was mir Spaß machte. Sie zogen meinen Bruder mir vor." Sie brauchte eine Weile, um in das Imperfekt hineinzukommen. Diese Zeitform war ihr in der gesprochenen Sprache fremd. Sie kannte es bis dahin im Wesentlichen nur aus der Schriftsprache. Während sie die Sätze neu formulierte, sortierte sie sich neu. Interessanterweise änderte sie dabei nicht nur die Zeiten. Spontan wurde aus dem „nie erlaubt" ein „nicht erlaubt" und bei der Formulierung „immer den Bruder vorziehen" ließ sie das „immer" weg. Hier zeigte sich etwas Bedeutsames: Wenn jemand ein Wort oder einen Aspekt der Grammatik in seinem Satz ändert, dann kommt oft der ganze Satz in Bewegung. Marianne horchte in sich hinein und wiederholte das Ganze noch ein zweites Mal. Sie lachte auf und sagte: „Jetzt kann ich mich gar nicht mehr so aufregen. Ich habe jetzt mehr Distanz. Das ist schon lange her." Sie atmete erleichtert durch. Bei der zweiten Darstellung mit dem Imperfekt sprach sie deutlich langsamer als bei der ersten Darstellung mit dem Perfekt. Das Imperfekt hat tatsächlich ein anderes Tempo als das Perfekt.

Sie achtete in den kommenden Wochen auf ihren Sprachgebrauch und fokussierte ihre Aufmerksamkeit auf die Zeitenbildung in der Vergangenheit. Sie erkannte eine wohltuende Wirkung: Es wurde ihr auf einmal leicht, alte Gegenstände abzugeben, die sie nicht mehr gebrauchte und an denen sie bislang gehangen hatte. Sie fühlte sich befreit und konnte guten Mutes nach vorne blicken.

6. LINGVA ETERNA®-Übung

Achten Sie für vier Wochen darauf, wie Sie auf der sprachlichen Ebene mit der Vergangenheit umgehen. Gebrauchen Sie bislang nur Perfekt? Oder haben auch Imperfekt und Plusquamperfekt in Ihrer Sprache einen Platz?
Wählen Sie das Imperfekt für Situationen, die bereits abgeschlossen sind oder in denen Sie bewusst eine emotionale Stimmung beruhigen wollen. Perfekt ist immer dann

angezeigt, wenn Sie von einem Geschehen erzählen, das noch ganz lebendig präsent ist und in die Gegenwart hinein wirkt und auch hinein wirken soll.

In welchen Situationen Ihres Lebens kann der gezielte Umgang mit den grammatikalischen Zeiten für Sie wertvoll sein? Welche Auswirkungen beobachten Sie in Ihrem Leben, wenn Sie auf die Vergangenheitsbildung achten?

Erlauben Sie sich Zukunft!

Im allgemeinen Sprachgebrauch ist nicht nur die Vergangenheitsbildung arm und dürftig geworden. Auch die Gestaltung der Zukunft lässt Wünsche offen. Die meisten Menschen gebrauchen für alles, was sie jetzt und in der Zukunft beschreiben, die Gegenwartsform. Sie packen alles und jedes in die Gegenwart und machen sich damit Zeitdruck und Stress. Sie haben auf diese Weise in ihrem Denken und Sprechen keinen Raum mehr zwischen jetzt und dann. So fühlen sie sich schnell überfordert.

Philip war ein Beispiel für fehlende zeitliche Struktur. Er kam oft zu spät und hatte ein schlechtes Zeitgefühl, egal wie viel Mühe er sich gab. Dann unterbrach er eine Tätigkeit und ließ sie halbfertig liegen. So fing er vieles an und bekam nur wenig zu Ende. Das zeigte sich auch in seiner Sprache. Die Zeitenbildung war auf Perfekt und Präsens reduziert. Futur kam nie vor.

Ich bat ihn, von seinen Plänen für den nächsten Tag zu erzählen. Damit lud ich ihn ein, etwas Zukünftiges zu sagen. Ich wollte wissen, ob er dafür Futur oder Gegenwart gebrauchen würde. Es zeigte sich gleich, dass er nur in der Gegenwart sprach.

Philip stellte den gesamten nächsten Tag in der Gegenwart dar: „Ich gehe morgen früh erst zum Bäcker und kaufe Brötchen und dann frühstücken wir und danach muss ich zu einem Freund fahren. Der baut und ich helfe ihm dann morgen wieder. Ich hoffe, dass das alles so klappt."

Philip gebrauchte nur Präsens. Darauf machte ich ihn aufmerksam. Er hatte sich wegen der Zeitform noch keine Gedanken gemacht. Er redete eben so, wie er es von klein auf gewohnt war.

Danach stellte Philip nochmals seine Pläne für den kommenden Tag vor und gebrauchte dabei das Futur: „Ich werde morgen früh erst zum Bäcker gehen. Da werde ich Brötchen kaufen. Dann werden wir miteinander frühstücken und danach werde ich zu meinem Freund fahren und ihm beim Bauen helfen."

Wie schon bei früheren Beispielen kamen mit der geänderten Zeitstufe die ganzen Sätze in Bewegung. Philips Sätze wurden mit dem Futur kürzer und damit klarer. Interessant war auch, dass das Futur das „muss" ablöste. Philip sagte nicht mehr: „Ich muss zu meinem Freund fahren." Er sagte: „Ich werde zu meinem Freund fahren."

Mit den neuen Sätzen fühlte er sich wohler als mit dem ursprünglichen Satz im Präsens. Das Futur gab ihm Struktur und Klarheit. Philip spürte die Wirkung deutlich und empfand sie als wohltuend. So achtete er in den nächsten Wochen auf die Zeitenbildung in seiner eigenen alltäglichen Sprache und auch in seiner beruflichen und privaten Umgebung.

Schon innerhalb weniger Tage erntete er reiche Früchte. Es gelang ihm auf einmal, klare Termine festzulegen und diese auch einzuhalten. Er sagte nun nicht mehr: „Ich mache die Abbildung dann halt bis nächste Woche fertig und bringe sie dir dann." Jetzt sagte er: „Ich werde die Abbildung bis Freitag fertig machen und sie dir noch am gleichen Tag bringen." Wie auch schon bei anderen Beispielen kam mit der gezielten Änderung der Zeiten der ganze Satz in Bewegung.

Eltern und Pädagogen helfen Kindern und Jugendlichen, wenn sie durch den eigenen bewussten Umgang mit den Zeiten eine klare zeitliche Struktur vorgeben. Diese wird ihnen die Orientierung erheblich erleichtern. Es ist eine interessante Beobachtung, dass hyperaktive Kinder und Erwachsene in aller Regel nur Perfekt und Gegenwart benutzen. Futur kennen sie in ihrem aktiven Sprachgebrauch nicht oder fast nicht.

Nicht nur Kindern tut eine klare zeitliche Struktur gut. Auch geforderten und überforderten Erwachsenen bringt sie Orientierung und Halt und damit Entlastung. Hektische und getrieben wirkende Erwachsene gebrauchen selten Futur. Bei ihnen ist alles jetzt und in der Gegenwart. Das zeigt sich auch in der Sprache. Während sie so sprechen, wie sie es gewohnheitsmäßig tun, erzeugen sie sich immerfort eine neue Wirklichkeit, die wieder keinen Raum hat, in dem sich etwas in Ruhe entwickeln kann.

Der Gebrauch des Futur schafft Freiräume und Gestaltungsräume. Beim Futur können wir differenzieren zwischen Futur I und Futur II. Auch hier möge eine Tabelle Ihnen das Erinnern leicht machen:

Präsens	Ich komme.	Ich gieße die Blumen.
Futur I	Ich werde kommen.	Ich werde die Blumen gießen.
Futur II	Ich werde gekommen sein.	Ich werde die Blumen gegossen haben.

Wenn schon das Futur I in der gesprochenen Sprache selten geworden ist, so ist das Futur II eine Rarität. Dabei schafft es Raum und Zeit. Es bringt eine spürbare Entlastung und Klarheit bei der Planung und Gestaltung von großen und kleinen Vorhaben.

Im allgemeinen Sprachgebrauch wird aus dem Futur I oft Präsens und aus dem Futur II eine Perfektform. Das kann dann so klingen: „Heute Nachmittag ist Sitzung. Bis dahin habe ich dann die Unterlagen zusammengestellt."

Nach den Prinzipien von LINGVA ETERNA® ordne ich die zeitliche Struktur dieser Aussagen und bringe sie an ihren jeweiligen Platz. Das heißt dann so: „Heute Nachmittag wird die Sitzung sein. Bis dahin werde ich die Unterlagen zusammengestellt haben."

Vielleicht ist Ihnen das Futur II noch recht fremd. Dann legen Sie es zur Seite. Vor dem Futur II kommt das Futur I. Ich mag Ihnen die Anregung geben, mit dem Futur I zu beginnen. Schon diese Änderung Ihres Sprachgebrauchs wird eine starke Wirkung haben. Entdecken Sie diesen Schatz für sich selbst. Heben Sie sich den anderen Schatz einfach für später auf.

Erinnern Sie sich bitte daran: Lassen Sie alle anderen Menschen in Ihrem Umfeld weiter so reden, wie sie reden, egal wie durcheinander deren Zeiten sind! Bitte ändern Sie einzig und allein Ihren eigenen Sprachgebrauch.

Freuen Sie sich an der Wirkung von LINGVA ETERNA®.

Die Sprache der Visionäre ✲

Manche Menschen glauben, dass die Sprache der Visionäre die Gegenwart sei. Dies ist ein Irrglaube. Visionäre haben ein klares inneres Bild. Dieses Bild haben sie immer vor sich. Da streben sie hin und sie wissen tief in ihrem Herzen, dass sie in der Zukunft dahin kommen werden. Doch sind sie gleichzeitig in der Gegenwart und handeln in der Gegenwart. Ihnen ist die zeitliche Spanne zwischen dem Jetzt und der Erfüllung der Vision klar. Diese Spanne erzeugt eine Spannung und einen Sog. So zieht das Ziel sie kraftvoll an.

Handlungsstarke Visionäre sehen klar, was Realität und was Vision ist. Wenn sie sich gleichsam in das Bild ihrer Vision hineinbegeben, dann sprechen sie in der Gegenwart und erleben die Zukunft mit allen Sinnen in diesen Momenten. Sie sehen vor ihrem inneren Auge das eigene Seminarhaus mit der einladenden Gartenanlage und was immer sie sich noch vorstellen, genießen diese Szene und schauen sie sich immer wieder an und malen sie sich weiter aus.

Dabei strecken sie oftmals die Beine weit von sich, strecken sich in ihrem Sessel aus, blicken etwa im 45-Grad-Winkel nach oben und legen die gefalteten Hände hinter den Hinterkopf. Wenn sie in diesen Momenten laut denken, dann gebrauchen sie die Gegenwart: „Ich pflanze Rosen und lege eine Rabatte an." Wenn sie dann wieder in die Realität ihres Alltags gehen, dann können sie von ihren Plänen sprechen. Die werden sie im Futur formulieren: „Ich werde Rosen pflanzen und eine Rabatte anlegen. Bis dahin werde ich mit einer Landschaftsarchitektin einen detaillierten Pflanzplan erstellt haben."

Es ist wesentlich, dass Sie wissen, was in Ihrem Leben Gegenwart ist und was Zukunft. Menschen, die alles Gegenwärtige und alles Zukünftige in der Gegenwart sagen, sind in ihrem Denken und Handeln oftmals schon einen oder auch mehrere Schritte voraus. Damit sind sie nicht ganz bei der Sache. Ein Teil ihrer Aufmerksamkeit eilt dem Geschehen schon voraus. Gleichzeitig ist die Gefahr groß, dass sie glauben, dass das Zukünftige schon Wirklichkeit sei, nur weil sie es in der Gegenwart benennen. Dies ist so bei den immerwährenden Träumern. Sie schweben auf einer Wolke und bekommen die Füße nicht auf den Boden der Tatsachen. Der achtsame Gebrauch von Futur und Gegenwart kann ihnen eine wesentliche Hilfe sein.

Es gibt freilich auch großartige Menschen, die als Visionäre ihrer Zeit weit voraus sind. Sie tun gut daran, auf den korrekten Gebrauch der Zeitstufen zu achten. So haben sie eine große Kraft, ihre Vision zu realisieren und handfeste Ergebnisse zu erzielen. So können die kühnsten Träume wahr werden.

7. LINGVA ETERNA®-Übung

Erzählen Sie, was Sie sich für morgen vorgenommen haben. Gebrauchen Sie dabei das Futur!
Wie geht es Ihnen dabei? Wie geht es Ihrem Gesprächspartner dabei?
Schenken Sie vier Wochen lang dem Futur Ihre Aufmerksamkeit und nehmen Sie es für diese Zeit in Ihre Sprache hinein. Welche konkreten privaten oder beruflichen Situationen kommen Ihnen in den Sinn, mit denen Sie beginnen werden? Es genügt, wenn Sie die Übung in dieser Zeit täglich zweimal für eine Viertelstunde durchführen.

Beobachten Sie die Wirkung. Was geschieht in Ihrem Leben, während Sie auf der sprachlichen Ebene die Zukunft gestalten?

Wählen Sie nach dieser Zeit, ob Sie das Futur in Ihrer Alltagssprache beibehalten oder ob Sie es wieder weglassen. Wenn Sie Futur I beibehalten wollen, dann prüfen Sie, ob Sie schon neugierig sind, auch Futur II kennen zu lernen!

Ein lohnender Unterschied: Genitiv oder Dativ?

Genitiv oder Dativ – was war das noch einmal, werden Sie sich vielleicht fragen. Sie werden sehen, dass Sie es wissen. Ich begleite Sie dabei, sich ganz einfach zu erinnern. Sie haben die vier Fälle in der Schule schon kennen gelernt: den Nominativ, den Genitiv, den Dativ und den Akkusativ. Sie haben gelernt, in einem Satz die einzelnen Fälle zu bestimmen. Dabei haben Sie gefragt: wer, wessen, wem oder was und wen oder was: „Der Mann bringt dem Nachbarn seiner Eltern das Geschenk." Der Mann ist Nominativ, dem Nachbarn ist Dativ, seiner Eltern ist Genitiv und das Geschenk ist Akkusativ.

Wiederum möge eine Tabelle Ihnen den Einstieg in dieses Grammatikkapitel leicht machen:

Singular – Einzahl		
1. Fall	Wer oder was?	Das Haus ist groß und schön. Nominativ
2. Fall	Wessen?	Die Lage des Hauses ist für uns optimal. Genitiv

3. Fall	Wem oder was?	Wir schenken dem Haus viel Aufmerksamkeit. Dativ
4. Fall	Wen oder was?	Wir bauen das Haus um. Akkusativ

Diese Beispiele zeigen den Singular. Das gleiche gilt analog für den Plural:

Plural – Mehrzahl		
1. Fall	Wer oder was?	Die Häuser sind groß und schön. Nominativ
2. Fall	Wessen?	Die Lage der Häuser ist für uns optimal. Genitiv
3. Fall	Wem oder was?	Wir schenken den Häusern viel Aufmerksamkeit. Dativ
4. Fall	Wen oder was?	Wir bauen die Häuser um. Akkusativ

Wenn die Betrachtung der Fälle hier stehen bleibt und ein Selbstzweck ist, dann ist Grammatik trocken und langweilig.

Mit LINGVA ETERNA® gehen wir weiter und beleuchten die Wirkung der einzelnen Fälle. Auch hier gibt es große Unterschiede, Unterschiede in der Wirkung und Unterschiede in ihrer Häufigkeit im allgemeinen Sprachgebrauch.

Der Nominativ, der Dativ und der Akkusativ sind gängig und haben allerorts einen festen Platz. Die Fragen nach dem ‚wer?', nach dem ‚wem?' und nach dem ‚was?' sind geblieben. Die Fragen nach dem ‚wessen?' und nach dem ‚woher?' sind weitgehend in den Hintergrund getreten oder sogar verloren gegangen.

Gängige und übliche Genitiv-Formulierungen sind meist Dativ-Formulierungen gewichen. Dies hat eine Wirkung. Ebenso hat es eine Wirkung, wenn wir dem Genitiv wieder seinen Platz geben.

Die Position vom Chef oder die Position des Chefs?

Der Genitiv und der Dativ gehören beide zu den vier Fällen. Der Genitiv war in meiner Grundschulzeit erst der Wes-Fall und dann der zweite Fall. Der Dativ war erst der Wem-Fall und dann der dritte Fall. Dieses Nebeneinander von Bezeichnungen hat schon manch einen Schüler verwirrt – so auch lange Zeit mich.

Beim Genitiv fragen wir: Wessen Haus ist das? Wessen Jacke ist das? Beim Dativ fragen wir: Wem gehört dieses Haus? Wem gehört diese Jacke? Diese Sätze bedeuten vordergründig dasselbe. Es ist klar, dass beide Sätze nach dem Haus- und Jackenbesitzer fragen.

Und doch gibt es einen großen Unterschied. Dieser liegt in ihrer unterschiedlichen Bedeutung und in der unterschiedlichen Funktion, die sie ursprünglich hatten. Sie haben damit auch eine unterschiedliche Wirkung. Es lohnt sich, diese kennen zu lernen.

Der Genitiv fragt nach dem Woher. Er zeigt den Ursprung, die Herkunft von jemandem oder von etwas an. Das Wort Genitiv stammt von dem lateinischen Wort ‚genere', ‚erzeugen, hervorbringen' ab. Es benennt den, der etwas erschaffen, hervorgebracht oder erworben hat: Bei

‚das Haus des Vaters' ist es klar, dass das Haus dem Vater gehört. ‚Die Position des Chefs' ist klar und eindeutig. Das Gleiche gilt beim ‚Fahrrad der Schwester' und zahlreichen anderen möglichen Sätzen aus dem Alltag. Der Genitiv zeigt und schafft klare Ordnungen und Strukturen.

Der Dativ hat eine grundsätzlich andere Aufgabe. Dies wird bereits aus seiner Bedeutung ersichtlich. Das Wort Dativ kommt vom lateinischen ‚dare' und heißt ‚geben'. Beim Geben wechselt etwas den Ort oder auch den Besitz. Nun ist es interessant, dass der Dativ im allgemeinen Sprachgebrauch vielfach den Genitiv verdrängt hat. Dann heißt es statt ‚das Haus des Vaters' ‚das Haus vom Vater'.

Dies mag als schlechtes Deutsch gelten. Doch geht es nicht darum, ob etwas gut ist oder schlecht. Bei LINGVA ETERNA® geht es einzig darum, auf die unterschiedlichen Wirkungen einzelner Formulierungen aufmerksam zu werden. Sie schaffen jeweils eine andere Wirklichkeit.

Ich lade Sie wieder ein für eine Wortprobe. Sagen Sie die beiden Varianten bitte jeweils langsam zweimal: „Das Haus des Vaters – das Haus des Vaters". Und dann nach einer kleinen Pause des In-sich-hinein-Horchens ebenso: „Das Haus vom Vater – das Haus vom Vater". Wie empfinden Sie die beiden Varianten? Nehmen Sie Ihre Empfindungen und Ihre inneren Bilder wahr. Sind sie identisch? Unterscheiden sie sich? Und wenn sie sich unterscheiden, wodurch unterscheiden sie sich?

Es mag sein, dass Ihr Ergebnis Ihnen als zufällig erscheint. Darum bitte ich Sie, die entsprechende Übung auch mit den weiteren Beispielen zu machen. Sagen und hören Sie nacheinander „die Position des Chefs" und „die Position vom Chef". Horchen Sie in sich hinein. Achten Sie bei der einen Formulierung den Chef in seiner Position mehr als bei der anderen?

Der Genitiv gibt ein anderes Signal als der Dativ. Damit bedingt er auch andere Handlungsweisen. Deutlich spürbar ist dies bei dem nun folgenden Beispiel mit dem Fahrrad: „Das ist das Fahrrad der Schwester" und „Das ist das Fahrrad von der Schwester". Hier hat die Formulierung eine Auswirkung auf das Verhalten beim Ausleihen.

Werden Sie bei beiden Formulierungen gleichermaßen die Schwester fragen, ob sie Ihnen ihr Fahrrad ausleiht? Oder nehmen Sie sich das Fahrrad vielleicht gar einfach, ohne zu fragen? Gilt dies bei beiden Formulierungen gleichermaßen? Probieren Sie es einfach aus!

Die Firma meines Vaters

Für Felix wurde der Genitiv zum Schlüssel. Er half ihm, einen großen Zwist mit seinem Vater beizulegen. Dieser hatte ihn ebenso aufgerieben wie seinen Vater.

Damals arbeitete er mit seinem Vater im eigenen Familienbetrieb zusammen. Jeder von ihnen gab sich Mühe, doch kamen sie nicht miteinander aus. Der Sohn fürchtete, dass der Vater mit seinem sturen Verhalten die Firma irgendwann zerstören werde. Er erzählte in einigen Sätzen von der für ihn so belastenden Situation. Er war voller Vorwurf und Enttäuschung und wusste sich nicht mehr zu helfen. Nichts hatte bislang geholfen, das Gespräch wieder in Gang zu bringen.

Felix' Ausdrucksweise zeigte mehr, als ihm bewusst war. Er sagte: „Ich arbeite in der Firma von meinem Vater." Er hatte eine gute Ausbildung genossen und fühlte sich fähig, die elterliche Firma zu übernehmen. Nun ärgerte er sich, dass der Vater die Firma behielt und die Führung nicht an ihn weitergab. Der Vater war gesund und tatkräftig und hatte die Firma in jungen Jahren gegründet. Seine Arbeit bereitete ihm viel Freude und erfüllte ihn. So war es klar, dass er seine Firma auch weiterhin führen würde.

Der Satz „Ich arbeite in der Firma von meinem Vater" enthält einen Dativ: die Firma von meinem Vater. Ich bat Felix, seinen Satz langsam zu wiederholen und in sich hinein zu horchen. Er sagte zweimal langsam und halblaut: „Ich arbeite in der Firma von meinem Vater. – Ich arbeite in der Firma von meinem Vater." Erst kam ihm der Satz völlig normal vor. Dann spürte er, dass ihn etwas irritierte, was er jedoch nicht genau benennen konnte. Ihm wurde es dabei schwer, und sein Ärger wuchs.

Danach bot ich ihm eine neue Formulierung an: „Ich arbeite in der Firma meines Vaters." Felix griff diesen Satz auf und sagte ihn zweimal langsam und halblaut. Wieder ließ er die Worte auf seiner Zunge zergehen und horchte in sich hinein. Er erkannte den Unterschied leicht. „Ja", sagte er und atmete dabei tief durch, „es ist die Firma meines Vaters. Er hat sie gegründet. Es ist seine Firma. Bei dem anderen Satz hatte ich immer das Gefühl, dass mein Vater mir die Firma endlich übergeben soll. So war ich immer unzufrieden. Nun kann ich Frieden finden."

Der Dativ ist der Fall des Gebens. Er gibt das Signal, dass jemand jemandem etwas gibt und er dies annehmen darf. Der Genitiv macht klar, was wessen Eigentum oder Schöpfung ist. Der Genitiv lenkt die innere Aufmerksamkeit auf die Ursache und die Herkunft und benennt sie. Die ordnende und heilsame Wirkung des Genitivs wurde für Felix zum Schlüsselerlebnis.

Als ich ihn kennen lernte, hatte er kaum Genitiv in seiner Sprache. Er hatte ihn nur in einigen allgemein gebräuchlichen festen Redewendungen in seiner Alltagssprache wie ‚meines Wissens', ‚meiner Meinung nach', ‚meines

Erachtens' und einigen wenigen anderen. Hierbei war ihm der Genitiv freilich nicht bewusst gewesen. Er hatte nie darüber nachgedacht und nie darauf geachtet und auch keinen Anlass gehabt, dies zu tun. Schließlich hatte er darin keinen Sinn gesehen.

Nun begann er damit, dem Genitiv in seiner Sprache und damit in seinem Denken bewusst Raum zu geben. Auf diese Weise stellte er in seiner inneren Einstellung auf der sprachlichen Ebene ganz gezielt eine Weiche. Damit wandte er ein Grundprinzip von LINGVA ETERNA® an. Er musterte mit einem alten sprachlichen Muster ein altes Denkmuster aus und schuf sich mit einem neuen Denken und Sprechen eine neue Wirklichkeit.

Er hatte Erfolg damit. Ich sah Felix im Abstand weniger Wochen noch einige Male wieder. In dieser Zeit streckte er sich. Er hatte nun eine klare, aufrechte Haltung und eine kraftvolle, angenehme Ausstrahlung. Innerhalb weniger Monate war es ihm gelungen, seine Sätze zu ordnen. Sie waren vollständig und hatten eine wohltuende Satzmelodie. Der Genitiv war am rechten Platz und klang natürlich und selbstverständlich.

Am Ende sagte Felix: „Ich arbeite in der Firma meines Vaters. Ich darf noch zehn Jahr an seiner Seite arbeiten und von und mit ihm lernen. Uns geht es nun gut miteinander. Mein Vater überträgt mir derzeit etliche Aufgaben, die er mir jetzt gern in die Hände legt. Es ist so leicht geworden. Ja, und noch etwas: Ich bin ihm von Herzen dankbar. Das ist auch neu."

Ich lächelte Felix an und freute mich mit ihm.

Ein wahrer Schatz

Wir leben in einer Zeit, in der viele Menschen innerlich oder auch äußerlich entwurzelt sind. Ohne Wurzeln fehlt ihnen der Halt. Gleichzeitig suchen sie nach diesem Halt. Nur mit diesem inneren und äußeren Halt können sie groß und stark werden. Mit dem eigenen inneren Halt können Menschen aus ihrer Mitte heraus handeln und kraftvoll wirken.

Die genannten Beispiele geben einen kleinen Einblick in die Kraft und Wirkung des Genitivs. Er ist ein wahrer Schatz, wenn es darum geht, die innere Mitte und seine Wurzeln zu finden und zu stärken. Es lohnt sich, den Genitiv wieder bewusst mit neuem Leben zu erfüllen!

8. LINGVA ETERNA®-Übung

Betrachten Sie Ihren persönlichen Sprachgebrauch. Kommt der Genitiv darin vor?
Schreiben Sie zehn Sätze auf, in denen Sie bei sich oder anderen statt des Genitivs den Dativ hören, beispielsweise den Satz ‚Das ist die Jacke von der Rita.' Sie erkennen den Dativ mit der Frage: ‚Die Jacke von wem oder was?'
Dann wandeln Sie diese zehn Sätze und geben dem Genitiv wieder seinen Platz. Dann heißt obiger Satz: ‚Das ist Ritas Jacke.' Prüfen Sie, ob Ihr Satz stimmt und fragen Sie nach dem Genitiv-Objekt mit der Frage: ‚Wessen Jacke?'
Wählen Sie einen dieser Sätze und integrieren Sie diesen in Ihren privaten und beruflichen Alltag.
Beobachten Sie die Wirkung! Was geschieht in der Folge?

Eigenverantwortung übernehmen mit Aktivsätzen

Etwa 95 Prozent der Bevölkerung wachsen mit der Sprache und dem Denken derer auf, die in erster Linie Aufträge anderer ausführen und in Abhängigkeit leben. Sie fühlen sich oftmals als die Opfer äußerer Umstände. Manche Menschen haben das Empfinden, dass niemand sie wirklich sieht.

Bei genauem Hinhören findet sich die Entsprechung ihres Denkens und ihres Weltbildes in ihrer alltäglichen Ausdrucksweise wieder. Ja, sie laden durch ihre Art zu denken und sprechen ein solches Erleben täglich neu ein.

Markant ist bei diesen 95 Prozent die Verwendung von Passivsätzen. Das Passiv lernen Grundschüler als die Leideform kennen. Beim Passivsatz gerät der Handelnde aus dem Blick. Er erscheint meist nicht: Der Tisch wurde gedeckt. Die Wäsche wurde gewaschen. Die Texte sind schon geschrieben worden. Nur selten heißt es: Der Tisch wurde von den Kinder gedeckt. Die Wäsche wurde von mir gewaschen. Die Texte sind von der Sekretärin geschrieben worden. Die Menschen, die diese Aufgaben erledigen, scheinen bei diesem Denken und Sprechen im Allgemeinen nicht auf. Es ist einsichtig, dass andere sie dann nicht oder nur am Rande wahrnehmen und entsprechend wenig beachten können.

Ganz anders klingt die Sprache bei den fünf Prozent der Bevölkerung, die ihr Leben selbstbestimmt und in Freiheit gestalten. Sie sprechen in Aktivsätzen, wenn es um sie selbst geht. Sie sagen: „Wir waren gestern bei Freunden." Die passive Variante kommt ihnen kaum in den Sinn und schon gar nicht über die Lippen: „Wir waren gestern bei Freunden eingeladen."

Menschen, die überwiegend Aktivsätze gebrauchen,

sind aktiv und gestalten ihr Leben Schritt für Schritt. Der- oder diejenige, der bzw. die eine Tätigkeit ausführt, erscheint im aktiven Satz.

Es mag sein, dass erfolgreiche, selbstbestimmte Menschen in gewissen Situationen Passivsätze gebrauchen. Eine solche Situation kann sein, wenn sie von Arbeiten sprechen, die andere in ihrem Auftrag ausführen: „Das wird bis Montagmittag erledigt." Dies wiederum zeigt etwas von ihrer Einstellung für ihre Mitarbeiter. Es klingt anders, wenn sie sagen: „Diese Arbeit werden meine Mitarbeiter bis Montagmittag erledigen." Oder aktiv und ohne die Mitarbeiter explizit zu nennen: „Diese Arbeit wird bis Montagmittag fertig sein."

In der Behördensprache ist das Passiv weit verbreitet. Da werden Anordnungen erteilt. Da werden Änderungen durchgeführt. Da werden Menschen eingestellt und auch wieder ausgestellt. Es werden Anregungen gegeben und Erfindungen eingereicht. Diese Sprache entbehrt der Wärme und der Menschlichkeit. Es gibt jemanden im Hintergrund, der handelt, und er oder sie bleiben namenlos. Niemand kann sie belangen, und niemand kann sie loben. Passive Sätze lassen etwas im Verborgenen.

Auch bei diesem Kapitel mag eine Tabelle Ihnen die Erinnerung an Ihr Schulzeit-Wissen wieder wachrufen:

Aktiv – Tätigkeitsform: Wer oder was tut was?

Die Mitarbeiterin hat die Buchungen ausgeführt.
Wir haben die Kunden bereits informiert.

Passiv – Leideform: Was geschah mit wem oder was?

Die Buchungen wurden ausgeführt.
Die Kunden wurden informiert.

Katrin wird aktiv

Aktivsätze und Passivsätze sind ein weites Feld. Es ist aufregend zu erleben, welche Menschen Passivsätze gebrauchen und welche nicht und auch in welchen Situationen sie sie gebrauchen. Sobald jemand von einer für ihn schwierigen Situation zu besprechen beginnt, in der er sich ausgeliefert fühlt, bildet er mehr Passivsätze als sonst. Der Satzbau entspricht der jeweils geschilderten Situation. Dann kann eine Erzählung so klingen: „Wir wurden überhaupt nicht informiert, wir wurden einfach vor die vollendeten Tatsachen gestellt und bekamen die Aufforderung, innerhalb einer Woche das Büro in das Nachbarhaus umzuziehen. Damit darf man erst einmal klarkommen."

Am Ende der Ausführung steht ein ‚man'. Ein ‚man' ist ein Niemand, jemand aus der Masse. Das ‚man' geht dicht einher mit Passivsätzen. Die Entsprechung von Passivsätzen und schwierigen Situationen, in denen sich jemand ausgeliefert fühlt, ist sichtbar und hörbar. Nun ist es eine große Chance und Herausforderung, gerade in diesen Situationen bewusst auf aktive Formulierungen zu achten und in die Selbstbestimmung zu gehen.

Mit dem Formulieren des Aktivsatzes gilt es zu erkennen, wer der- oder diejenige ist, der bzw. die sie nicht informiert hat: „Unsere Filialleitung hat uns nicht informiert. Unsere Chefin stellte uns vor die vollendeten Tatsachen und forderte uns auf, das Büro innerhalb einer Woche in das Nachbarhaus umzuziehen."

Katrin hatte eine solche Situation erlebt. Mit den Aktivsätzen wich der Ärger und das Gefühl des Ausgeliefertseins. So konnte sie mit der Situation konstruktiv und klar umgehen. Sie sagte die neuen Sätze zweimal und ließ sie auf sich wirken. Beim Umformulieren und dem mehrfachen Wiederholen der neuen Sätze bemerkte Katrin, dass sie nun das ärgerliche ‚überhaupt' nicht mehr sagte. Auch das ebenso ärgerliche ‚einfach' war nun nicht mehr da. Ihre neuen Sätze klangen kurz und klar. Der Vorwurf war weg.

Nach dieser Entdeckung achtete Katrin auf Aktivsätze und damit gleichzeitig auf das ‚man'. Sie gehen oft miteinander einher. Noch waren die Aktivsätze für sie neu. Sie ließ mit jedem Aktivsatz das passive Denken hinter sich und nahm bewusst die Verantwortung für ihr Leben in die Hände. Es bedurfte einiger Wochen, bis sie mit LINGVA ETERNA® in das neue Denken und Sprechen hineingewachsen war.

Sie bekam von Freunden nach einigen Wochen eine Rückmeldung, die sie nicht erwartet hatte. Sie sagten ihr: „Du gehst so gerade. Du lässt deinen Kopf nicht mehr so hängen. Es ist zu sehen, dass es dir gut geht!" Sie wusste, was sie geändert hatte. Dass sich ihr gewandelter Sprachgebrauch so sichtbar auf ihre Körperhaltung auswirkte, wurde ihr erst jetzt klar. Staunend bemerkte sie, dass sie seit einer Weile keine Nackenverspannungen mehr hatte. Sie freute sich.

Passivsätze können auch missbraucht werden

Ein Mitarbeiter aus dem Führungsbereich eines großen Unternehmens berichtete, dass bei ihnen die Mitarbeiter angewiesen werden, Passivsätze zu gebrauchen. Aktivsätze werden ihnen immer und immer wieder als schlechter Schreibstil erklärt. Dabei sprach er selbst in passiven Sätzen.

Bernhard hatte sich bis dahin nicht erklären können, warum ihnen die Geschäftsleitung Passivsätze als guten

Schreibstil verkauft wollte. Bei jedem Bericht, den er anfangs geschrieben hatte, erlebte er eine Zurückweisung. Er hatte jeden einzelnen Bericht neu schreiben müssen, wenn er sich der Anweisung, Passivsätze zu schreiben, widersetzt hatte. Dabei hatte er sich nicht wirklich widersetzt. Damals war er noch aktiv gewesen und hatte noch eigene Ideen gehabt. Entsprechend hatte er noch Aktivsätze gedacht und gesprochen. Diese sprudelten schon lange nicht mehr aus Bernhard heraus.

Nun wurde ihm schmerzlich klar, dass in seiner Firma eigene Ideen und kritische Fragen nicht erwünscht waren und dass dies einen Zusammenhang hatte mit dem eingeforderten passiven Schreibstil.

Bernhard hatte mit dem Differenzieren von Aktiv und Passiv einen Schlüssel gefunden und achtete von nun an auf Aktivsätze. Er beließ die Passivsätze bei den Berichten, soweit ihm dies erforderlich erschien. In der gesprochenen Sprache im beruflichen Bereich und in seinem Privatleben achtete er auf aktive Sätze. Er konnte wieder selbst über sein Leben bestimmen und erreichte Dinge mit Leichtigkeit, die ihm vorher viel Mühe bereitet hätten oder gar nicht möglich gewesen wären.

Als Kollegen ihn fragten, wie ihm dieses und jenes möglich sei, gab er ihnen eine ehrliche Antwort. Solange ihn niemand gefragt hatte, hatte er sein Wissen um LINGVA ETERNA® verschwiegen und einfach nur für sich selbst angewendet.

Vom Können, Müssen und Dürfen

Die Modalverben bergen weitere Schätze. Auch sie kenne ich aus der Schule als ein langweiliges und trockenes Kapitel. Ich mag sie gemäß der Prinzipien von LINGVA ETERNA® abstauben und ihren Glanz hervorholen.

Zu den Modalverben gehören ‚müssen', ‚können', ‚wollen', ‚dürfen', ‚sollen', ‚wollen', ‚mögen' und ‚brauchen'. Die Modalverben kommen in der Alltagssprache reichlich vor. Sie stehen vor Verben und modifizieren die Aussage. Aus ‚ich singe' kann dann werden: ‚Ich will singen', ‚ich muss singen', ‚ich darf singen', ‚ich mag singen', ‚ich kann singen' usw. Dieses Modifizieren gilt entsprechend auch für die Verneinungen: ‚Ich will nicht singen', ‚ich muss nicht singen' usw.

Es ist interessant zu hören, wer welche Modalverben gebraucht und in welcher Form und auch wie oft. Die Verwendung der Modalverben folgt ebenso wie das Passiv und das Aktiv und andere Aspekte der individuellen Alltagssprache alten Mustern. Sie modifizieren das alltägliche Handeln und prägen die innere Einstellung zu diesem Handeln.

Das Ich-kann-nicht-Syndrom

„Ich kann nicht", sagen die einen. Und „Ich kann" die anderen. Die einen begrenzen sich, und die anderen erlauben sich den Erfolg. Die drei Wörter „ich kann nicht" begleiten viele Menschen. Sie sagen sie in hunderten von Situationen aus purer Gewohnheit: „Ich kann nicht mehr länger mit dir plaudern. Ich muss jetzt zu meiner Tante fahren." Oder: „Ich kann zu deinem Geburtstag leider nicht kommen. Ich muss an diesem Abend arbeiten." Solche Sätze sind weit verbreitet. Sie gehören in die Ausdrucksweise all der Menschen, die sich selbst begrenzen. Und davon gibt es viele.

Dabei ist es einfach, diese Sätze zu wandeln: „Es war schön, mit dir zu plaudern. Lass uns an einem anderen Tag weiterplaudern. Ich werde jetzt zu meiner Tante fahren." Der Satz mit der Geburtstagseinladung kann auch so klingen: „Ich danke dir für deine Einladung, zu deinem Geburtstag zu kommen. Ich werde an diesem Abend arbeiten. So werde ich nicht kommen. Darf ich dich an einem anderen Tag sehen und mit dir auf dein Wohl anstoßen?"

Es lohnt sich, wach zu werden für einen der größten Erfolgsverhinderer. Wer ungezählte Male an einem Tag denkt und fühlt „ich kann nicht", der wird auch erleben, dass er etwas nicht kann.

Kinder übernehmen den Sprachgebrauch der Erwachsenen. Sie hören in ihrer Kindheit und Jugend zigtausende von Malen ‚ich kann nicht ...' und ‚du kannst nicht ...', bis sie selbst erwachsen sind. Dann werden sie diese Sätze so oder so ähnlich an ihre Kinder und Mitarbeiter weiter geben.

Viele dieser ‚ich kann nicht'-Sätze haben in Wirklichkeit eine andere Bedeutung. Sie werden es merken, wenn Sie damit beginnen, sie hinter sich zu lassen. Dann werden Sie für die alten Sätze neue Formulierungen wählen. Dabei werden Sie merken, dass das ‚ich kann nicht' manchmal heißt: ‚Ich habe keine Lust' – und andere Male: ‚Ich traue mich nicht.' Es gibt noch weitere mögliche Bedeutungen. Sie werden Sie selbst finden.

Und wenn Sie dennoch einen Satz mit ‚können' verneinen wollen, dann fügen Sie bitte ein ‚noch' ein: ‚Ich kann noch nicht ...' Damit sagen Sie, dass Sie es lernen werden.

Ich empfehle den bewussten Gebrauch von ‚können' in der bejahten Form: ‚Ich kann.' Und: ‚Du kannst.' Dieser Sprachgebrauch lenkt den Blick auf die Stärken.

Es ist ein großes Glück, wenn Menschen tief in ihrem Herzen wissen: ‚Ich kann, ich will, und ich schaff das.' Und: ‚Du kannst, du willst, und du schaffst das.' Dieses innere Fühlen setzt Kräfte frei. Jeder Mensch darf jederzeit damit beginnen, diese Kräfte für sich in Anspruch zu nehmen.

Wissen Sie, wie oft Sie ‚können' und ‚nicht können' sagen?

9. LINGVA ETERNA®-Übung

Lenken Sie Ihren Blick auf Ihre Stärken. Bilden Sie zwanzig Sätze, die mit „Ich kann gut …" beginnen.
Wenn Sie Ihre eigenen Stärken gefunden haben, dann lenken Sie Ihren Blick auf die Stärken eines Menschen, den Sie begleiten. Es kann Ihr Partner oder Ihr Kind sein oder auch ein Mitarbeiter. Finden Sie auch hier zwanzig Sätze: „Er / Sie kann gut …"!
Die Energie folgt der Aufmerksamkeit. Es wird sich etwas tun, wenn Sie Ihre Aufmerksamkeit auf das Können lenken. Beobachten Sie, was in der Folge geschehen wird. Machen Sie sich die Wirkung Ihres selbst gelenkten Denkens und Fühlens bewusst.

Müssen macht Druck

„Ich muss heute Nachmittag noch zu einer Sitzung. Am Abend muss ich dann schnell nach Hause fahren. Wir müssen noch ins Theater." Dies sind ganz und gar übliche Sätze. Ohne die Überschrift mit dem Schlüsselwort ‚müssen' hätten Sie als Leser das ‚müssen' in diesen Sätzen vielleicht nicht einmal bemerkt. Auf einer bewussten Ebene hätten Sie nur gelesen, dass derjenige am Nachmittag eine Sitzung hat, danach nach Hause fährt und am Abend ins Theater geht. Und vielleicht hätten Sie innerlich gesagt: Wie schön für ihn, dass er am Abend ins Theater gehen kann.

Dennoch erreicht Sie das Wort ‚müssen' auf einer unbewussten Ebene und gibt hier das Signal von Fremdbestimmung und Druck. Dieses Signal irritiert und steht im Widerspruch zu der angenommenen Freude auf den Theaterabend. Diese unbewusste Information fließt in der alltäglichen Kommunikation blitzschnell und hinterlässt beim Sprecher und auch beim Angesprochenen ein diffuses Gefühl von Irritation.

Die meisten Menschen haben sich an beständigen Druck von außen gewöhnt und merken diesen Druck nicht mehr. Sie sind in Hinblick auf den Druck in ihrer Wahrnehmung abgestumpft. So merken sie es auch nicht, dass sie ‚müssen' sagen. Das ‚müssen' kommt einfach so aus ihnen heraus, selbst wenn sie von schönen Dingen sprechen, die sie freiwillig tun und wie in dem obigen Beispiel ins Theater ‚müssen'. Sie bringen damit ihren allgemeinen Druck zum Aus-Druck.

So gesehen ist das oben genannte Beispiel mit den dreimal ‚müssen' in direkter Folge bedeutsam. Dieser Sprachgebrauch ist symptomatisch und ein ernst zu nehmender Hinweis. Zu viel ‚müssen' macht auf Dauer krank.

‚Müssen' ist Grundbestandteil der Sprache vieler Menschen. Sie sagen ‚müssen' in jedem zweiten oder dritten Satz. Es ist lohnend, diesen gewohnheitsmäßigen Sprachgebrauch zu beleuchten und in einem ersten Schritt das eigene Bewusstsein für den Gebrauch oder Missbrauch dieses kleinen Wortes zu entwickeln. Gehören Sie selbst auch dazu?

Es gibt zwei Wege, sich dieser Erkenntnis zu nähern. Der eine ist angenehm, der andere eher beschwerlich. Sicher ist es angenehmer, auf die Sätze mit ‚müssen' in Ihrer Umgebung zu achten und nicht gleich wie beim zweiten Weg mit all den ‚müssen' in der eigenen Sprache konfrontiert zu sein.

Sie werden viel, viel ‚muss' und ‚müssen' hören. Wie geht es Ihnen, wenn Sie ‚muss' hören? Wie empfinden Sie die Menschen, die viel ‚muss' sagen? Wie geht es Ihnen in deren Umgebung?

An dieser Stelle mag ich einen bereits gegebenen Hinweis als Warnung wiederholen: Widerstehen Sie jeglicher Versuchung, auch nur einen einzigen Menschen auf Ihre Beobachtungen anzusprechen oder ihn gar erziehen zu wollen! Damit machen Sie sich garantiert unbeliebt. Bleiben Sie bei all Ihren Beobachtungen bei sich. Freuen Sie sich still, dass Sie bereits ein Gespür für Sprache und ihre Wirkung entwickeln.

Mit Sicherheit werden Sie auch viel ‚muss' in den Medien hören und lesen. Hier dürfen Sie getrost laut stöhnen. Die Sprecher hören und sehen Sie nicht. Anders ist es, wenn Sie mit diesen Menschen zusammen sind. Bitte bewerten Sie Ihre Beobachtungen nicht. Das, was Sie hören, ist gängiger Sprachstil. Mit LINGVA ETERNA® eröffnen Sie sich einen neuen Blick auf den allgemeinen Sprachgebrauch und seine Wirkung auf die jeweiligen Sprecher und Angesprochenen.

Haben Sie in Ihrem Unfeld auch Menschen, die kaum von ‚muss' und ‚müssen' sprechen? Achten Sie auch hier darauf, wie Sie deren Sprache empfinden und wie Sie diese Menschen erleben. Sie denken anders und folglich sprechen sie anders als die andauernden ‚Muss'-Sager. Sie haben einen anderen Lebensstil und eine andere Wirklichkeit als die ‚muss'-sagenden Mitmenschen. Sie geben andere Signale und haben damit eine andere Wirkung.

Während Sie auf die genannte Weise auf den Gebrauch des ‚müssen' in Ihrer Umgebung achten, werden Sie gleichzeitig wach und sensibel für Ihren eigenen Sprachgebrauch und dessen praktische Auswirkungen auf Ihr Leben. Jeder schafft sich mit seinem Denken und Sprechen seine eigene Wirklichkeit.

Ich sagte, dass es neben diesem Weg auch einen eher beschwerlichen Weg gibt, das Bewusstsein für ‚müssen' zu stärken. Bei diesem Weg setzen Sie direkt bei sich selbst an und achten auf Ihren eigenen Sprachgebrauch. Hier mag ich Ihnen eine Empfehlung und Ermutigung mitgeben, keine Warnung wie bei dem leicht erscheinenden Weg: Es ist wunderbar, dass Sie auf Ihr eigenes Sprechen und Denken achten und bereits ein Gespür für Ihre eigene Sprache entwickeln. Lassen Sie sich auf sich selbst ein und nehmen Sie sich so, wie Sie sind. Sie sind gerade dabei, sich selbst neu zu entdecken. Mit Humor und Gelassenheit werden Sie viel von sich erkennen und es daraufhin leicht wandeln können.

Sie werden sich sicherlich wundern, wie oft Sie ‚müssen' sagen und was Sie sonst noch alles sagen. Würden Sie sich jedes Mal neu beschimpfen und sich sagen: „Ich bin vielleicht blöd, ich habe schon wieder ‚müssen' gesagt", dann würden Sie sich eher schaden, als dass Sie sich nützen.

Vielleicht wird Ihr innerer Dialog so klingen: „Also, auf das ‚müssen' muss ich jetzt einmal mehr achten. Am besten fange ich noch heute damit an. Doch vorher muss ich noch Herrn Maier anrufen; dann muss ich noch in die Stadt, weil ich da in einem Geschäft etwas abholen muss und ..." Das ‚muss' wird weitergehen – es sei denn, Sie wandeln Ihren Sprachgebrauch bewusst und prüfen jedes einzelne ‚muss', ob es wirklich sein ‚muss'. Und jedes ‚muss' macht neuen Druck und bewirkt, dass Sie mit diesem Denken und Sprechen immerfort neue Situationen in Ihr Leben einladen, in denen Sie wieder Druck erleben werden.

✎ Laden Sie bewusst Dauerdruck und Fremdbestimmung aus Ihrem Leben aus. Probieren Sie für vier Wochen, wie es Ihnen ohne das gewohnte ‚muss' geht. Machen Sie ein ‚Muss'-Fasten. Viele ‚muss' können Sie ganz einfach streichen und auf einmal wird vieles leicht. Sie können statt des gewohnten Satzes: „Ich muss jetzt noch den Tisch decken" leicht sagen: „Ich decke jetzt den Tisch." Interessanterweise ändert sich mit dem gewandelten ‚muss' noch mehr. In diesem Beispiel verschwand auf einmal das kleine ‚noch'. Auch die Satzmelodie und das Sprechtempo ändern sich.

In vielen Sätzen können Sie das ‚muss' und das ‚müssen' einfach weglassen. Vielfach wird noch eine weitere Möglichkeit klar. Sätze mit „müssen" bezeichnen vielfach eine Handlung, die in der Zukunft liegt. So ist es hier angezeigt, die zukünftige Handlung mit Futur zu benennen. Aus einem „Ich muss heute Nachmittag zu einer Sitzung gehen" wird dann der folgende Satz: „Ich werde heute Nachmittag zu einer Sitzung gehen."

Gönnen Sie sich die innere Freiheit und die erforderliche Zeit, eine Handlung auszuführen: Sie werden morgen ins Theater gehen, Sie werden morgen eine Aufgabe erledigen. Sie müssen nicht ins Theater gehen und Sie müssen auch eine Aufgabe nicht erledigen. Gönnen Sie sich Zeit, sich an das Futur zu gewöhnen und es Schritt um Schritt in Ihre Alltagssprache und damit in Ihr Denken zu integrieren. Mit dem Futur schaffen Sie sich Raum und Zeit. Gönnen Sie sich Zukunft und lassen Sie gleichzeitig den beständigen Druck hinter sich, der aus dem ‚müssen' kommt.

10. LINGVA ETERNA®-Übung

Entdecken Sie eine Woche lang Ihren persönlichen Sprachgebrauch mit ‚müssen' und ‚muss'. Sprechen Sie weiter wie bisher und nehmen Sie den Druck bewusst wahr, den Sie sich damit bislang schaffen.
Beginnen Sie in der darauf folgenden Woche damit, Formulierungen mit ‚müssen' zu wandeln. Wann können Sie es weglassen? Gibt es Gelegenheiten, bei denen Sie statt ‚müssen' Futur gebrauchen können?
Schreiben Sie zehn solche Sätze auf und integrieren Sie diese in Ihren täglichen Sprachgebrauch.
Welche Wirkungen erleben Sie in den folgenden Tagen und Wochen?

Sie dürfen Bedürfnisse haben

‚Dürfen' ist nach ‚können' und ‚müssen' ein weiteres Modalverb. Auch dieses modifiziert eine Grundaussage. Es hat eine ganz andere Bedeutung und Wirkung als die beiden anderen Modalverben. Und doch ist der Gebrauch vielfach unbewusst und folgt einer individuellen Gewohnheit.

In einem Laden wissen Sie als Kunde oder Kundin genau, was der Verkäufer meint, wenn er den fast gleichen Satz mit ‚können' oder ‚dürfen' sagt: „Sie können gern auch diesen Pullover anprobieren!" Oder: „Sie dürfen gern auch diesen Pullover anprobieren!" In der alltäglichen Kommunikation achten die Gesprächspartner auf solche Feinheiten nicht oder, genau genommen, nicht bewusst. Und doch sind sie da und haben eine Wirkung.

Die unterschiedlichen Botschaften werden erst beim wiederholten langsamen Sprechen der beiden Sätze deutlich fassbar. Sagen Sie den Satz mit dem ‚dürfen' zweimal halblaut und horchen Sie dabei in sich hinein: „Sie dürfen auch gern diesen Pullover ausprobieren! – Sie dürfen auch gern diesen Pullover ausprobieren!"

Erlauben Sie sich die Qualität dieses Satzes zu spüren. Wie geht es Ihnen bei der Vorstellung, dass Sie in dem Laden mit Pullovern stehen und einen Pullover kaufen wollen?

Nun sagen Sie den Satz mit ‚können' auch zweimal halblaut: „Sie können auch gern diesen Pullover ausprobieren! – Sie können auch gern diesen Pullover ausprobieren!" Wie wirkt dieser Satz auf Sie? Ändert er irgendetwas an Ihrer inneren Einstellung zum geplanten Kauf und zum Verkäufer?

Fühlen Sie sich mit einem Satz wohler als mit dem anderen? Welchen würden Sie vom Verkäufer lieber hören?

In dem Augenblick, in dem Sie die Unterschiede erkennen und sich bewusst machen, haben Sie für Ihren eigenen Sprachgebrauch die Wahl, die Wortwahl. Und damit können und dürfen Sie in Ihrer Sprache und damit in Ihrem Leben eine Weiche stellen.

Zu dem Wort ‚dürfen' gehören auch die Wörter ‚Bedarf' und ‚Bedürfnis'. Ebenso leiten sich ‚dürftig' und ‚bedürftig' von ‚dürfen' ab. Die Sprache macht es sichtbar und hörbar, dass das eine direkt mit dem anderen zu tun hat. Der Umgang mit den eigenen Bedürfnissen und mit den Bedürfnissen der Mitmenschen zeigt sich neben anderem auch am Gebrauch des Wortes ‚dürfen'. ‚Dürfen' macht frei und gibt Erlaubnisbotschaften. Wer diesem Wort Aufmerksamkeit schenkt, der wird reich belohnt werden.

Je nach persönlicher Prägung und damit Gewohnheit kann das ‚dürfen' auf unterschiedliche Weisen im individuellen Sprachgebrauch enthalten sein. Je nach der individuellen Prägung kann es stärken und aufbauen oder im Gegenteil herunterziehen und einengen.

Ja, du darfst!

Marianne kannte aus ihrem persönlichen Sprachgebrauch in erster Linie die Verneinung. Sie sagte: „Das darf ich nicht!" Oder: „Das darf ich nicht sagen!" Oder: „Das darf ich nicht machen!" Entsprechend sagte sie ihren Kindern und auch ihren Auszubildenden viel häufiger „Das darfst du nicht!" oder „Das darfst du nicht machen!" als „Das darfst du!" oder „Das darfst du machen!"

Dies hatte natürlich eine Auswirkung auf das Handeln der Kinder und der Auszubildenden. Marianne engte sie damit ein, ohne ihnen gleichzeitig einen Weg zu weisen. Gleichzeitig zeigte sie mit ihrem Sprachgebrauch, dass sie sich ihre eigenen Bedürfnisse bislang nicht oder nur eingeschränkt erlaubte. Einfach ‚dürfen' gab es für sie noch nicht.

Sie lachte erleichtert und vergnügt, als ihr diese Zusammenhänge bewusst wurden. Nun konnte sie endlich ihr andauerndes Mangelgefühl drehen, das sie seit ihrer Kindheit begleitet hatte. In diesem Augeblick war ihr klar geworden, dass sie sich mit dem gewohnten ‚nicht dürfen' immerfort selbst beschränkt hatte und dass sie ganz einfach aus dem ‚nicht dürfen' ein ‚dürfen' machen durfte.

Dann sammelte ich mit ihr Sätze, in denen sie sich mit einem ‚ich darf' wohl fühlt: „Ich darf mich in meinen Garten setzen und eine Pause machen. Ich darf den Vögeln lauschen. Ich darf faul sein. Ich darf, ich darf, ich darf!" Sie fand viele Sätze. Als sie einmal den Anfang gefunden hatte, sprudelte sie.

Marianne war von nun an achtsam mit dem ‚dürfen'. Ich empfahl ihr, neben dem ‚dürfen' weitere Wörter mit dem gleichen Wortstamm in ihre Alltagssprache zu integrieren, die ihr gut tun, und damit dem ‚dürfen' noch mehr Raum in ihrem Denken und Leben zu geben. Sie wählte für sich das Substantiv ‚Bedürfnis' und das Verb ‚bedürfen'. Dieses Wort kannte sie noch von ihrer Oma. Sie hatte oft gesagt: „Dies bedarf einer Erklärung." Sie mochte ihre Oma und sie fand die Redewendung schön. Jetzt hörte sie das Verb ‚einer Sache bedürfen' im allgemeinen Sprachgebrauch nur noch selten. Sie nahm es in ihre Sprache bewusst wieder auf, lachte und sagte: „Ich darf das!"

Marianne gab mit dem Wort ‚dürfen' ihrem Leben bewusst eine Wende. Aus vielem gewohnheitsmäßigen ‚müssen' und ‚nicht dürfen' machte sie gezielt ein ‚dürfen'.

11. LINGVA ETERNA®-Übung

Wie gebrauchen Sie das Wort ‚dürfen' und Wörter, die sich davon ableiten?
Wählen Sie eines aus, das Ihnen gut tut, und schenken Sie ihm Aufmerksamkeit! Beobachten Sie die Wirkung!

Verneinung erreicht das Denken nicht

Verneinungen sind weit verbreitet. Dies gilt gleichermaßen für die Erziehung von Kindern, für das Erstellen von Regeln und Vorgaben in einem Kindergarten, einer Schule, in öffentlichen Einrichtungen oder einem Betrieb, für Zertifizierungen, für Vertragstexte und vieles mehr.

So unterschiedlich die Situationen auch sein mögen. Das allen Gemeinsame ist die weit verbreitete Negation. Ich mag Ihnen eine Reihe solcher Beispiel nennen:

> Es ist nicht gestattet, auf der Wiese Fußball zu spielen.
> Wir rennen nicht auf dem Schulhof.
> Wir lärmen nicht in den Gängen.
> Der Mieter darf keine größeren Anpflanzungen ohne Absprache mit dem Vermieter durchführen.

Machen Sie sich keinen Stress!
Hab' keine Angst!
Sei nicht so traurig!
Sei nicht so laut!
Fahre nicht immer so schnell!
Bitte nicht eintreten!
Vergiss den Schlüssel nicht!

Diese Liste lässt sich beliebig weiterführen. Zu den Verneinungen gehören die Wörter ‚nicht', ‚nie', ‚niemals', ‚niemand', ‚kein' und die Vorsilbe ‚un-' wie in ‚unerlaubt' sowie im weiteren Sinn die Nachsilbe ‚-los' wie in ‚arbeitslos'.

Die Verneinungen sind allgegenwärtig und so üblich, dass die meisten Menschen sie als gegeben und ‚normal' hinnehmen. Sie leben damit und haben sie in ihre persönliche Sprache und damit in ihr Denken und in ihr Leben integriert. Ihr Weltbild ist stark von der Verneinung geprägt. Dies hat nachteilige Auswirkungen auf ihre individuelle Wirklichkeit und auf ihr Leben.

Wie kann jemand, der immer auf das schaut, was er nicht haben will, sein Ziel im Blick behalten? Er benennt und betrachtet das, was er nicht haben und nicht erleben will. Mit dem verneinenden Satz lenkt er seine Aufmerksamkeit genau dahin, wo er eben nicht hin will. In der Folge wird er mit einer großen Wahrscheinlichkeit genau das Nicht-Gewollte erleben.

Mit LINGVA ETERNA® achten wir auf die weit verbreiteten Verneinungen und deren Auswirkungen. Vordergründig bewirken sie in konkreten Gesprächssituationen Fehlinformationen. Auf einer tiefen Ebene sind sie Ausdruck eines verneinenden Denkmusters.

Verneinungen erreichen das Denken nicht. Die Geschichte vom rosaroten Elefanten zeigt dies deutlich. Wenn ich Ihnen sage, dass Sie an alles denken dürfen, was Ihnen in den Sinn kommt, nur nicht an einen rosaroten Elefanten, dann weiß ich genau, was Sie denken: Sie denken an einen rosaroten Elefanten. Genau das Gleiche geschieht, wenn Sie einem kleinen Kind sagen: „Lass die Schüssel nicht fallen!" Die Wahrscheinlichkeit, dass es die Schüssel gerade wegen Ihrer Bemerkung fallen lässt, ist groß. Umgekehrt machen Sie es ihm mit einer anderen Bemerkung leicht, sie heil ans Ziel zu bringen: „Halte die Schüssel bitte fest!"

Ebenso gut gemeint ist der Rat „Hab' keine Angst!". Dieser Satz macht eher Angst, als dass er beruhigt. Der Angesprochene hört das Wort ‚Angst'. Und die bekommt er, wenn er sie bis dahin noch nicht hat. Die gewünschte, beruhigende Wirkung hat eine andere Formulierung: „Sei beruhigt!" Hier gibt es eine klare, zielorientierte Aufforderung ohne Negation.

Dieser Unterschied ist einsichtlich und klar. Und doch dauert es eine geraume Weile, bis ein Mensch die so gewohnten Verneinungen erkennen und danach wandeln kann. Diese Neuorientierung bedeutet eine grundlegende Korrektur der inneren Einstellungen und ist ein entscheidendes Anliegen von LINGVA ETERNA®. Damit geht der Blick von der Vermeidung weg und hin zum Ziel. Für viele Menschen bedeutet diese Korrektur der eigenen Ausdrucksweise einen Neuanfang.

Von der Negation zur Position

Martin ist glücklich verheiratet und Vater von zwei gesunden, lebhaften Kindern von neun und sechs Jahren. Sein Glück war getrübt durch erhebliche Spannungen mit seinen Eltern. Beruflich war er erfolgreich. Doch kam er über eine bestimmte Position nicht hinaus. Dabei wartete er schon seit einiger Zeit auf die nächste Beförderung. Sie war aus seiner Sicht überfällig.

Er fragte mich um Rat. Einer seiner ersten Sätze war: „Das scheint mir kein schlechter Ansatz zu sein." Er sagte oft „nicht schlecht", „nicht verkehrt", „nicht daneben". Er konnte seine Verneinungen leicht steigern: Er fand dann etwas „nicht uninteressant", „keinesfalls unwichtig" oder „unendlich unbedeutend". Mit diesen gehäuften Verneinungen machte er sich das Leben schwer.

Dies wurde ihm schnell klar, als ich ihm seinen persönliche Sprachgebrauch bewusst machte und ihn anleitete, die Wirkung von Negationen zu spüren. Ich lud ihn ein, einzelne seiner Formulierungen langsam und bewusst zu wiederholen, sie gleichsam wieder zu holen und sie nach Wunsch zu wandeln. Er spürte körperlich, wie es ihm bei diesen Formulierungen eng wurde. Er fasste sich spontan an die Brust und atmete danach tief durch. Ihm wurde klar, dass er sich mit diesen beständigen Negationen letztlich schadete.

Spätestens hier wusste Martin, dass das bewusste Achten auf die Negationen eine größere Tragweite hatte, als sich nur miteinander die Kommunikation im Alltag zu erleichtern. Nach einem kurzen Innehalten griff er sich mit seiner einen Hand nochmals an die Brust, atmete wieder durch und sagte: „Ich weiß, dass ich auch gesundheitlich auf mich achten muss!"

Danach begleitete ich ihn dabei, einige seiner häufigsten Formulierungen mit Negationen zu sammeln und zu wandeln. Er begann mit der Redewendung „nicht schlecht". Erst bildete er einen Satz, der diese Redewendung enthielt. „Meine Stelle bei der großen, örtlichen Firma ist nicht schlecht." Danach sollte er den Satz so oder ähnlich wiederholen und das Wörtchen ‚nicht' weglassen. Nach einigem Zögern und Suchen strahlte er: „Meine Stelle bei der großen, örtlichen Firma ist gut!" Während er diesen neuen Satz sagte, richtete er sich auf. Der Rücken wurde gerade, auch die Kopfhaltung änderte sich. Martin spürte den Unterschied. Er begann zu ahnen, dass ein Leben ohne permanente Negationen eine für ihn neue Qualität haben würde. Martin fasste inneres Feuer und machte weiter: „Der Satz: ‚Die Bemerkung des Kunden ist nicht uninteressant!' heißt in Wirklichkeit: Sie ist aufregend und interessant." Er fühlte, wie viel mehr Kraft und Lebendigkeit diese neuen Formulierungen haben.

Martin achtete in den darauf folgenden Wochen auf Negationen in seiner eigenen Sprache und wandelte sie nach den Prinzipien von LINGVA ETERNA®. Ihm wurde mehr und mehr bewusst, welch großes Betätigungsfeld er sich damit eröffnet hatte. Er hatte Freude dabei, allein mit seinem Sprachgebrauch sich selbst und seine tiefsitzenden Prägungen zu entdecken und zu wandeln.

Schon bald konnte er wohltuende Auswirkungen seines gewandelten Denkens und Sprechens erleben. Es ging ihm gut. Am meisten beglückte ihn die Erkenntnis, dass er selbst maßgeblichen Einfluss darauf hatte, wie sich sein Leben entwickelte.

Statt der früher üblichen Negation nahm er nun Position ein. Er sagte und zeigte, was ihn wirklich interessierte, und brachte dies auch sprachlich zum Ausdruck. Damit kam in seinem Leben einiges in Bewegung. Daheim, in der eigenen Familie, glätteten sich die Wogen. Auf merkwürdige Weise klärten sich die Positionen. Die Spannungen mit den Eltern ließen spürbar nach, und das Zusammenleben mit ihnen auf dem gleichen Grundstück gestaltete sich angenehm. Die Eltern hatten nun ihre Position, und auch der Sohn mit seiner Familie.

Das bewusste Wandeln der Negationen war bei Martin die wesentliche Korrektur seiner persönlichen Sprache. Es gab daneben noch einige weitere, kleine Korrekturen. Martin hatte innerhalb weniger Monate mit einigen gezielt gewählten neuen Redewendungen seinem Leben eine Wende in die von ihm gewünschte Richtung gegeben.

Margarete erlaubt sich das volle Glück

Margaretes größter Wunsch war es, nach Bonn zu ihrem Freund zu ziehen und dort eine Anstellung in einer Schule zu finden. Mit diesem Wunsch kam sie und hoffte, mit LINGVA ETERNA® sich den Weg dahin ebnen zu können. Gleichzeitig glaubte sie nicht so recht daran. Auch bei ihr spielte das Erkennen und anschließende Wandeln der Negationen eine große Rolle. Sie hatte oft gesagt: „Keine Chance!" Oder: „Das ist so unwahrscheinlich wie das Finden einer Stecknadel im Heuhaufen."

Erst griff ich ihre Redewendung ‚keine Chance' auf. Daraus wurde ein zaghaftes: „Wir werden sehen!" Danach setzte ich bei Wörtern mit der Vorsilbe ‚un-' an. Diese gebrauchte sie zahlreich. Wir sammelten sie gemeinsam und sie kamen ihr leicht in den Sinn: ‚Unmöglich', ‚unheimlich schön', ‚unheimlich interessant', ‚uninteressant', ‚unergiebig', ‚unkompliziert', ‚passend', ‚ungut'... Die Liste hätte sie beliebig weiterführen können.

Wörter mit der Vorsilbe ‚un-' benennen etwas und verneinen es gleichzeitig. Dies wird an jedem einzelnen Beispiel sichtbar. Ich greife das Wort ‚ungut' heraus. Darin ist das Wort ‚gut' enthalten. Und doch ist ‚ungut' nichts Gutes. Das Wort verwirrt. So ging ich mit Margarete einige Wörter mit dieser Vorsilbe durch. Sie empfand überall dieselbe Irritation, die durch das Benennen und gleichzeitige Negieren des Grundwortes entsteht.

Ich empfahl ihr, eine kleine Anzahl dieser Wörter mit der Vorsilbe ‚un-' auszuwählen, die sie in ihrem Alltag oft sagt, und dafür eine oder mehrere neue Formulierung zu finden, die das benennen, was sie wirklich meint. Aus ‚uninteressant' wurde ‚langweilig' und ‚fad'. Statt ‚unheimlich schön' sagte sie lieber ‚wunderschön'. Sie hatte Freude an dem Finden der wirklich gemeinten Botschaft und war neugierig zu erfahren, welche Wirkung das Anwenden von LINGVA ETERNA® auf ihr Leben und ihren beruflichen und privaten Alltag haben würde.

Als erstes bemerkte sie eine Erleichterung. Auf einmal gelang die Kommunikation noch leichter als vorher. Sie hatte sie nie als schwer erlebt. Und doch hatte sich etwas geändert. Mit dem Wandeln der Un-Wörter waren völlig neue Wörter in ihre Sprache hineingeraten. Statt ‚unendlich langweilig' sagte sie jetzt ‚wirklich langweilig'. Ihr bis dahin häufig gebrauchtes Wort ‚unkompliziert' wandelte sie zu einem ‚einfach'. So sagte sie von nun an ‚einfach', ‚wunderbar' und ‚wirklich' und meinte und fühlte die Wörter auch so. Vieles wurde in ihrem Leben wirklich wunderbar einfach. Die direkte Auswirkung wurde ihr mit der Zeit bewusst.

Sie achtete neben den Un-Wörtern auch auf den Umgang mit den Zeiten. Sie hatte Futur in ihre Sprache aufgenommen. Des Weiteren hatte sie bewusst damit aufgehört, zu schwindeln und Notlügen zu erzählen. Sie hatte früher nicht immer die Wahrheit gesagt. Darauf war ich gekommen, als sie immer wieder ‚ehrlich' als Füllwort gebrauchte: Sie sagte des öfteren Sätze wie: „Ehrlich gesagt bin ich etwas müde." Oder: „Da muss ich ehrlicherweise sagen …" Ich fragte sie, warum sie das Ehrliche denn so betone. Mit ihrem Schwindeln hatte sie ähnlich viel verdeckt wie mit der Vorsilbe ‚un-'.

In den nächsten Wochen und Monaten kam in ihrem Leben etliches in Bewegung. Sie fand alte Dinge wieder, die sie verloren geglaubt hatte, und auch sonst kam manches ans Licht. Sie kam einem alten Familiengeheimnis auf die Spur, das sie schon lange geahnt hatte und das sie doch nie hatte greifen können. Nun wusste sie, woran sie war.

Sie hatte durch einen Zufall von einem Brüderchen erfahren, das schon vor ihrer Geburt gestorben war. So war sie in Wahrheit nicht das erste, sondern das zweite Kind ihrer Eltern. Sie konnte mit ihrer Mutter davon sprechen und ihr sagen, dass sie um ihren älteren Bruder weiß. Bei der Mutter löste sich nach jahrzehntelangem Schweigen ein Siegel der Verschwiegenheit, und sie erzählte ihrer Tochter von dem kleinen Robert. Das tat beiden gut, sicher auch dem kleinen Robert. Nun hatte er seinen Platz in der Familie bekommen. Und die Tochter fand endlich ihren wahren Platz

Margarete hatte die Un-Wörter im Sinne von LINGVA ETERNA® gewandelt. Damit kam in ihrem Leben viel Bedeutsames in Bewegung. Bei ihr kam Verdrängtes und Verborgenes ans Licht und konnte seinen Platz finden. So wurde Energie frei, die vorher durch Negation gebunden war.

Nun ging Margarete voller Schwung ihren ursprünglichen Wunsch an, nach Bonn zu ihrem Freund zu ziehen und dort eine Stelle als Lehrerin anzunehmen. Der Weg war jetzt frei. Sie bewarb sich, geduldete sich einige Wochen und bekam die Stelle. Sie zog mit dem Beginn des neuen Schuljahrs nach Bonn. Nun wohnen die beiden an dem Wohnort ihrer Wahl zusammen und sind glücklich und dankbar.

Die Etymologie eröffnet neue Blickwinkel

Die Etymologie befasst sich mit der Geschichte und Entwicklung von Wörtern. Sie beleuchtet die Herkunft eines Wortes, die Verwandtschaft mit anderen Wörtern aus der eigenen und auch aus anderen Sprachen sowie die Lautentwicklung und die verschiedenen Aspekte seiner Bedeutung.

Die Geschichte der Wörter einer Sprache ist auch immer die Geschichte einer Kultur. Mit neuen Einflüssen aus anderen Ländern finden Wörter aus diesen Kulturen in die eigene Sprache. So haben wir im Deutschen zahlreiche Wörter arabischen Ursprungs, die schon seit Jahrhunderten ein selbstverständlicher Teil unserer Sprache geworden sind, beispielsweise die Matratze, der Alkohol, der Zenit und das Wort ‚matt'. Letzteres kommt aus dem Schachspiel und leitet sich ab von der Redewendung ‚Schach matt', das heißt ‚der König ist tot'. Des Weiteren gibt es seit Jahrhunderten durch vielerlei Arten von Kontakten, wie Bildung, Reisen, Handeln und Kriege, Wörter aus vielen anderen Sprachen. Dabei sind Wörter griechischen, lateinischen, französischen und italienischen Ursprungs zahlreich. In unserer Zeit kamen und kommen Wörter englischen Ursprungs dazu. So erzählen Wörter Kulturgeschichte und machen kulturelle Einflüsse sichtbar.

Bei manchen Wörtern ist die Bedeutung über die Jahrhunderte gleich geblieben. Bei anderen hat sie sich gewandelt. Die ursprüngliche Bedeutung eröffnet vielfach einen neuen Blickwinkel und lässt manches Wort in einem neuen Licht erscheinen. Daraus ergeben sich immer wieder neue und wirksame Lösungsansätze.

LINGVA ETERNA® schöpft neben anderem aus dieser Quelle.

Was bedeutet ‚brauchen' für Sie?

Das Wort ‚brauchen' ist im allgemeinen Sprachgebrauch weit verbreitet: Menschen brauchen für ihr Kind einen Kindergartenplatz, sie brauchen für den Einkauf Geld, sie brauchen für den Kuchen Eier, und sie brauchen nach der

Arbeit eine Zeit der Erholung. Jedes Mal empfinden sie das, was sie brauchen, als etwas, was sie im Moment nicht haben und doch haben wollen. Durch diesen Sprachgebrauch hat das Wort ‚brauchen' für viele Menschen die Bedeutung eines momentan empfundenen Mangels angenommen.

Wie empfinden Sie das Wort ‚brauchen'? Ich lade Sie ein zu einer Wortprobe. Sagen Sie es langsam und halblaut zweimal hintereinander. Wie klingt es nach? Als nächstes bilden Sie bitte einen Satz mit ‚brauchen', beispielsweise: „Ich brauche mich darum nicht zu kümmern." Oder: „Ich brauche für den Garten einen Sack Erde." Vielleicht kommt Ihnen ein anderer Satz mit ‚brauchen' in den Sinn. Wie heißt er? Nun sagen Sie diesen Satz bitte zweimal halblaut und horchen wiederum in sich hinein.

Merken Sie sich bitte, wie Sie den Satz jetzt empfinden. Mit einem neuen Blick auf die ursprüngliche Bedeutung des Wortes ‚brauchen' werde ich Sie nochmals einladen, das Wort ‚brauchen' und den von Ihnen gewählten Satz zweimal zu sagen. Sie werden dann möglicherweise einen bedeutsamen Unterschied erleben.

‚Brauchen' leitet sich ursprünglich von dem lateinischen Wort ‚frui', ‚genießen' ab. Auch ‚fructum', ‚die Frucht' ist damit verwandt. Die Menschen haben genossen, was sie geerntet haben. Sie erlebten immer wieder von neuem das Säen und Ernten. Sie entwickelten Rituale und feierten Feste. Daraus entstand das Brauchtum. Sie machten das, was sie gern taten, zu ihrem Brauch. So wurde es ein Brauch, an Ostern Ostereier zu bemalen und damit Haus und Hof zu schmücken. Die Menschen brauchten die Ostereier, es war ihr Brauch.

Das Wort hat eine Bedeutungsverschiebung erfahren.

Aus dem genussvollen, freudigen Brauch wurde die Notwendigkeit, etwas haben zu müssen.

Mit LINGVA ETERNA® machen wir diese alte, wohltuende Bedeutungskomponente wieder bewusst und wecken damit etwas wieder zum Leben, was verschüttet war.

Karin brauchte einen Blumenstrauß

Karin war für einen Geburtstag eingeladen und freute sich darauf. Sie brauchte noch schnell einen Blumenstrauß und wollte dann weggehen. Das Wort ‚brauchen' hatte für sie die allgemein üblich gewordene Bedeutung, dass sie etwas haben und verwenden will, was sie im Augenblick nicht hat: Sie wollte einen Blumenstrauß mitbringen und hatte noch keinen. Sie konnte ihn kaufen oder auch selber die Blumen in ihrem Garten pflücken und daraus einen Strauß machen.

Ich sagte Karin die ursprüngliche Bedeutung des Wortes ‚brauchen'. Ein Lächeln huschte über ihre Lippen. Sie ‚brauchte' vieles. Sie empfand das Wort jetzt anders.

Daraufhin bat ich sie, ihren Eingangssatz zu wiederholen. Der hatte gelautet: „Ich brauche noch schnell einen Blumenstrauß." Sie wiederholte ihn und sagte ihn jetzt so: „Ich brauche einen Blumenstrauß." Hier ließ sie das ‚schnell' weg, ohne sich dessen bewusst zu sein. Sie hielt einen Moment inne und fragte mich: „Darf ich den Satz auch ganz anders sagen?" Ich nickte: „Ja, gern!" „Dann sage ich: Ich kaufe jetzt einen bunten, duftenden Blumenstrauß für meine Freundin." Dabei strahlte sie.

In diesem Satz war der Genuss enthalten, der schon immer zum ‚brauchen' gehört hat. Diese lustvolle, farbige Komponente war nun wieder da.

Mögen Sie Ihren Satz von vorhin wiederholen? Wie nehmen Sie ihn jetzt wahr? Und wie klingt ‚brauchen' jetzt in Ihren Ohren?

12. LINGVA ETERNA®-Übung

Schenken Sie eine Woche lang dem Wort ‚brauchen' Ihre Aufmerksamkeit.
Finden Sie Sätze, in denen Sie es ‚gebrauchen'. Gehört in Ihren Wortschatz auch das ‚Brauchtum' und ein ‚alter Brauch'? Wollen Sie ihm bewusst Raum geben?
Wandelt sich mit dem neuen Blickwinkel für das ‚brauchen' Ihre Einstellung und Sichtweise für die eine oder andere Situation in Ihrem Leben?

Johann hatte wiederholte Leistenbrüche

Die etymologische Betrachtung der Leistenbrüche eröffneten Johann einen für ihn unerwarteten Lösungsansatz für seine beschwerliche gesundheitliche Situation. Ich folgte den Prinzipien von LINGVA ETERNA® und griff das Wort ‚Leistenbruch' auf. Als erstes betrachtete ich einzeln die Wörter ‚leisten' und ‚Bruch'.

Ich bat Johann, zweimal das Wort ‚leisten' zu sagen. Er folgte meiner Bitte und sagte: „leisten – leisten." Dabei wurde seine Stimme traurig. Dann schaute er mich an und sagte: „Ich kann nicht noch mehr leisten. Es geht nicht." Der ‚Leistenbruch' erschien auf einmal im Bild des Leistenmüssens und des Leistungsdrucks. Irgendetwas war gebrochen, nicht nur das Bindegewebe der Leiste.

„Johann", sagte ich, „ich mag deinen Blick auf die ursprüngliche Bedeutung von ‚leisten' lenken. ‚Leisten' ist ein Wort aus der Sprache der Schuhmacher. Ein Schuhmacher fertigt mit Hilfe eines Leistens für einen Kunden Schuhe an. In denen kann er dann bequem und gut gehen. ‚Leisten' heißt ursprünglich ‚in der Spur gehen, Gefolgschaft leisten'. Das ‚leisten' spricht die Treue und Gefolgschaft eines Gefolgsmannes gegenüber seinem Herrn an. Mit Leistung im heutigen Sinn hat das ‚leisten' nichts zu tun. Dieses Wort hat eine starke Bedeutungsverschiebung erfahren."

Mit diesem Hinweis konnte Johann viel anfangen: „Das gibt mir viel. Ich bin loyal. Loyalität bedeutet mir viel. Ich bin loyal in Hinblick auf meine Firma und auch in Hinblick auf meinen Chef. Dieses Übermaß an Arbeit kann ich nicht mehr erbringen. Das macht mich noch ganz kaputt!" Die neue Sichtweise für das Wort ‚leisten' nahm viel Druck von ihm. Mit dieser Bedeutung war er gern bereit, zu leisten und Leistung zu erbringen. Die Triebfeder für sein Handeln war jetzt nicht mehr der Druck von außen. Sein Bedürfnis, in Loyalität seine Arbeit zu tun, kam von innen.

Nun bat ich Johann, nochmals das Wort ‚leisten' zu sagen und es wiederum einmal zu wiederholen. Es klang jetzt anders: „leisten – leisten." Das Wort war leicht geworden.

Johann berichtete davon, in welcher beruflichen Situation die Leistenbrüche jeweils gekommen waren. Ihm wurden auslösende Momente bewusst. Da war beispielsweise ein neuer Kollege dazugekommen. Und er hatte Angst bekommen, mit ihm nicht mithalten zu können. Er war innerlich in eine Konkurrenzsituation geraten. Ihm wurde nun der Zusammenhang bewusst: „Da gab es einen Bruch bei mir. Ich muss mich jetzt nicht mehr mit anderen vergleichen. Das Wesentliche ist, dass ich in erster Linie mir selbst treu und loyal bin und dann meinem Chef. Ja, das leuchtet mir ein. Ohne die Leistenbrüche hätte ich das vielleicht nie erkannt!" Er atmete erleichtert auf.

Der etymologische Ansatz ermöglichte es Johann, die Leistenbrüche mit neuen Augen zu sehen und mit neuen Ohren zu hören. Die ursprüngliche Bedeutung des Wortes war für ihn der Schlüssel für seine gesundheitliche Frage. Von da aus hatte sich ihm die Lösung eröffnet. Das Wort ‚Leistung' löste in ihm nun gänzlich andere Bilder aus. Mit ihnen konnte er gut leben und sich wohl fühlen.

Nach dieser ersten wesentlichen Erkenntnis betrachtete ich gemeinsam mit Johann konkrete Situationen in seinem privaten und beruflichen Alltag, die etwas mit dem Thema ‚Leistung' und ‚leisten' zu tun hatten. Wir beleuchteten miteinander Sätze und Formulierungen, die er bislang in diesen Situationen gebraucht hatte. Manche von ihnen wandelten wir nach den Prinzipien von LINGVA ETERNA®. Mit ihnen fühlte er sich gut für seinen beruflichen Alltag ausgestattet. Er fühlte sich sicher und kraftvoll. Er war bei sich selbst angekommen. So konnte er leisten, leisten in dem für ihn neuen Sinn.

Sprache hat auch etwas mit Sprechen zu tun

Die deutsche Sprache ist die Sprache der Dichter und Denker. Sie formten und formen Gedanken in Wörter und Sätze. Der Rhythmus und der Klang einzelner Wörter begleiten und unterstreichen die inhaltliche Aussage, die der Dichter und Denker mit ihnen machen will. Versmaß, Reime und lautmalende Wörter sind dabei wesentliche Elemente, die ich schon als Schulkind kennen lernte.

Doch erfasste ich den wahren Reichtum von Dichtung und täglich gesprochener Sprache damit noch lange nicht. Eine glückliche Fügung führte Dr. Theodor von Stockert und mich vor wenigen Jahren zu einem gottbegnadeten Sprecherzieher, zu Werner Mönch-la Dous. Er ist Musiker und Schauspieler und stand in seinem Leben auf vielen Bühnen. Er weiß, was stimmschonendes, kraftvolles Sprechen bedeutet. Viele Jahre lang lehrte er an der Musikhochschule Aachen Sängern und Sängerinnen Sprecherziehung.

Werner Mönch-la Dous leitete uns an, Texte mit neuen Augen zu lesen und mit neuen Ohren zu hören und mit einem neuen Bewusstsein zu sprechen. Dies galt gleichermaßen für klassische und für alltägliche Texte.

Als erstes machte er uns bewusst, dass wir im Deutschen 26 unterschiedliche Vokale artikulieren und 25 Konsonanten. Aus dem Alphabet kannte ich andere Zahlen. Das deutsche Alphabet und die deutsche Rechtschreibung bilden diese Vielfalt an Lauten nicht ab. Uns tat sich nun in unserer eigenen Muttersprache ein neuer Reichtum auf und eine völlig neue Perspektive. Wir waren neugierig.

Wir näherten uns unserer eigenen Muttersprache noch einmal von Neuem. Wie ein kleines Kind entdeckten wir, dass es lange und kurze, offene und geschlossene Vokale gibt und Diphtonge wie ‚au' und ‚ei'. Bei den Konsonanten wurde uns klar, dass wir für manche keinen eigenen entsprechenden Buchstaben haben. Das ‚ch' wie in Dach ist ein anderer Laut als das ‚ch' in ‚ich'. Wir schreiben sie mit derselben Zeichenkombination. Auch das stimmhafte ‚S' in Sonne schreiben wir genauso wie das stimmlose ‚S' in Tasse. Dies gilt auch für weitere Konsonanten.

Wir erkannten mehr und mehr Ungereimtheiten in der deutschen Rechtschreibung. Sie bildet die phonetische Wirklichkeit nicht ab und führt uns manchmal in unserem Bild von der Aussprache in die Irre. Beim Lesen und Sprechen eines Textes durften wir von nun an viel Neues entdecken. Bis dahin hatten wir ihn einfach so gelesen, wie er auf dem Blatt stand.

Werner Mönch-la Dous machte uns gleich bei unserem ersten Zusammentreffen die neuen Möglichkeiten schmackhaft. Er wählte als erstes einen Text, den wir beide schon aus Schulzeiten kannten und den wir wiederholt gehört hatten: Er trug uns die Ringparabel aus ‚Nathan der Weise' von Gotthold Ephraim Lessing vor und las danach einen alltäglichen Text aus der Tageszeitung. Wir erkannten, welches Volumen und welche Fülle und Differenziertheit Sprache haben kann, wenn sie wirklich klingen und schwingen darf. Wir lauschten ihm und waren fasziniert.

Ich hatte die Ringparabel schon öfters gehört. Doch erreichte mich ihre Botschaft erst dieses Mal. Sie war so aktuell wie damals und so lebendig wie noch nie. Ich hatte das Empfinden, dass ich sie vorher noch nie wirklich gehört hatte. Das lag an der Art des Sprechens. In diesem Moment erwachte meine Neugierde auch auf andere klassische Texte. Ich begann zu ahnen, welches Potential sich mir auftat. Es war offensichtlich, dass die Kraft der Sprache mit diesem Wissen und Können noch einmal eine große Steigerung erfährt. Wir blickten einander einen kurzen Augenblick an und wussten beide: Dies war eine Sternstunde für LINGVA ETERNA®.

Werner Mönch-la Dous lehrte uns, die Schönheit und die Kraft der gesprochenen Sprache neu zu erfahren. Sprache hat etwas mit Sprechen zu tun. Er legte uns mit seinem Lehrbuch sein Lebenswerk in die Hände. Wir nahmen es dankbar an und tragen sein kostbares Wissen weiter. So wurde die Sprechererziehung ein fester Bestandteil von LINGVA ETERNA®. (Werner Mönch-la Dous, Gesunde Stimme – kraftvolle Sprache, ein Praxisbuch mit Audio CD mit der Ringparabel am Ende der Übungen)

Wohlfühlen beginnt mit einem stimmhaften W

‚Wohlfühlen' ist ein angenehmes Wort. Bei den meisten Menschen ruft es behagliche Gefühle hervor und zaubert ein Lächeln auf ihre Lippen und auch auf die Lippen der Angesprochenen. Es gibt einige Redewendungen, die das Wohlfühlen beinhalten: ‚sich wohl fühlen', ‚sich rundherum wohl fühlen', Wohlfühl-Atmosphäre, Wohlgefühl.

Bevor Sie das Wohlfühlen neu entdecken bitte ich Sie um eine Wortprobe. Sagen Sie bitte zweimal langsam und halblaut: „Wohlfühlen – Wohlfühlen" und horchen Sie in sich hinein. Wie sagen Sie dieses Wort jetzt und wie empfinden Sie es? Bitte merken Sie sich Ihre Beobachtung. Ich werde sie gleich noch einmal aufgreifen.

Das Wohlfühlen und auch die anderen Wörter mit der Silbe ‚wohl' gewinnen an Kraft und an Wirkung, wenn wir sie Laut für Laut neu entdecken. Jeder einzelne Laut hat eine ihm eigene Kraft. Haben Sie Lust, sich das Wohlfühlen noch einmal neu zu erschließen? Ich lade Sie ein zu einer Entdeckungsreise in Ihren eigenen Mund!

Wohlfühlen beginnt mit einem ‚W'. Wie bilden Sie diesen ersten Laut? Halten Sie inne, bevor Sie weiterlesen. Was machen Sie genau?

Beim ‚W' legen Sie die Unterlippe locker an die oberen Schneidezähne und bilden einen stimmhaften Laut. Das ‚F' bilden Sie an derselben Stelle, nur als stimmlosen Laut. Beim stimmhaften ‚W' vibriert der Resonanzraum im Brustkorb mit. Wie empfinden Sie diesen Laut?

Danach folgt der zweite Laut. Dem stimmhaften ‚W' folgt ein langes, ich mag beinahe sagen ein genüssliches, geschlossenes ‚O' wie in ‚Mond'. Formen Sie auch dieses mit Ihrem Mund. Was machen die Lippen? Was macht die Zunge? Welches Gefühl erzeugt das lange, geschlossene ‚O'?

Nun formen Sie bitte als dritten Laut das ‚L': Beim ‚L' ist die Zunge mit ihrer Spitze direkt hinter den oberen Schneidezähne. Diese Zungenposition entspricht der

Ruheposition der Zunge. Hier befindet sich Ihre Zungenspitze, wenn Sie gelöst und locker sind. Dies ist ein Laut, der das Wohlfühlen gut zum Ausdruck bringen kann.

Danach folgt das zweite Wort ‚fühlen'. Es beginnt mit einem stimmlosen ‚F'. Beim ‚F' legen Sie wie beim ‚W' die Unterlippe locker an die oberen Schneidezähne. Nur bilden Sie jetzt einen stimmlosen Laut. Spüren Sie diesen Laut und den Luftstrom. Wie geht es Ihnen mit dem ‚F'?

Dem ‚F' folgt wieder ein langer Vokal, wie schon das lange ‚O' in ‚Wohl'. Wie bilden Sie das ‚Ü'? Was macht die Zunge, und was machen die Lippen? Was ist beim ‚Ü' anders als beim ‚O'? Entdecken Sie die Nähe und auch den Unterschied!

Nach dem langen ‚Ü' bilden Sie wieder ein ‚L', wie schon bei ‚Wohl'. Spüren Sie bitte nochmals die Zungenspitze direkt hinter den oberen Schneidezähnen.

Nun setzen Sie die einzelnen Laute des Wortes W-OH-L-F-ÜH-L-E-N zusammen. Das ‚H' nach den Vokalen zeigt dabei an, dass der Vokal lang ist. Nach diesem bewussten Artikulieren erstrahlt das Wort in neuen Glanz und in neuer Kraft.

Sagen Sie langsam und genüsslich ‚Wohlfühlen'. Erlauben Sie sich, jeden einzelnen Laut wahrzunehmen.

Erinnern Sie sich bitte an Ihre Wortprobe von vorhin. Wie klang das Wort da? Und wie klingt es jetzt?

Bettina tankte neue Kraft

Bettina war eine junge Ärztin Anfang dreißig. Sie arbeitete engagiert an einem medizinischen Projekt mit und ging vor lauter Überstunden darin nicht nur auf, sondern auch fast unter. Sie sprach schnell und hektisch und fühlte sich überfordert. Sie wollte endlich einmal wieder ausschlafen und sich so ganz und gar wohl fühlen.

Nach den Prinzipien von LINGVA ETERNA® bot ich ihr als heilsames Wort das Wort ‚Wohlfühlen' an. Bettina ließ sich darauf ein, mit dem entsprechenden Wort das Wohlfühlen neu für sich zu entdecken. Ich bat sie daraufhin, einen Satz mit ‚wohl fühlen' zu bilden und diesen dann zweimal zu wiederholen. Sie sagte: „Ich will mich wieder einmal so richtig wohl fühlen." Das ‚L' von ‚wohl' war kaum zu hören. Sie verschluckte es fast ganz. Und die Vokale waren beide eine Nuance zu kurz und eilig.

Danach bildete sie ein stimmhaftes ‚W' am Anfang und formte zwei lange Vokale. Anfangs glaubte sie, dass sie dafür keine Zeit habe. Doch dann spürte sie die Wirkung und war davon fasziniert. Sie wiederholte mehrfach langsam und halblaut: „Ich fühle mich, und ich fühle mich wohl!"

Sie meinte abschließend mit einem strahlenden Lächeln: „Ich hatte mich wohl lange nicht mehr richtig gespürt. So habe ich Wohlfühlen noch nie erlebt! Das ist wundervoll!"

Lassen Sie sich ein Wort auf der Zunge zergehen

Die bewusste Artikulation birgt noch weitere Schätze. Der Klang eines Wortes entspricht vielfach dem, was dieses Wort in seinem Inneren bedeutet. Hier wird oft eine tiefe Weisheit sichtbar.

Ich lade Sie ein, einzelne Wörter daraufhin neu zu entdecken und zeige Ihnen am Beispiel der ‚Knospe', was ich meine.

Sagen Sie bitte langsam und halblaut ‚Knospe' und wiederholen das Wort so oft, bis sie es vom ersten Laut bis zum letzten Laut wahrnehmen können: „Knospe – Knospe – Knospe – Knospe". Lauschen und spüren Sie, wie Sie die Laute der Reihe nach bilden.

Sie beginnen mit einem ‚K'. Diesen Laut bilden Sie als harten Verschlusslaut hinten im Mund mit dem weichen Gaumensegel, dem Velum. Beim Sprechen spannen Sie die Bauchmuskulatur an. Die Kraft kommt von tief unten. Das ‚K' ist ein sogenannter harter velarer Verschlusslaut.

Dem ‚K' folgt das ‚N'. Hier berührt der Zungenrücken den harten Gaumen, das Palatum. Die Atemluft strömt durch die Nase. Das ‚N' ist ein palataler Nasal.

Nach dem ‚N' folgt das ‚O', ein Vokal. Spüren Sie bitte, welche Qualität das ‚O' hat: Ist es lang oder kurz, offen oder geschlossen? Gönnen Sie sich die Zeit, dies wahrzunehmen. Was machen dabei die Lippen und was der Kiefer?

Sie werden merken, dass Sie mit den Lippen und der Zunge einen weiten, schützenden Raum formen. Bei dem ‚O' von ‚Knospe' runden Sie die Lippen. Sie öffnen den Kiefer leicht. Die Zunge befindet sich unten im Mundraum.

So entsprechen bis hierher die Laute dem Wesen der Knospe. Eine Kraft kommt von innen, und das, was herauskommen und daraus werden wird, ist noch von den Kelchblättern umschlossen.

Nach dem Vokal ‚O' folgen ‚S' und ‚P' und danach das kurze, auslautende ‚E'. Wie formen Sie diese Laute?

Beim ‚S' kerben Sie die Zunge in der Mitte der Länge nach ein. Damit entsteht eine Rille. Durch diese zischt die Luft an den oberen oder, bei manchen Menschen, an den unteren Schneidezähnen. Das ‚S' in Knospe ist ein sogenannter stimmloser dentaler Reibelaut. Da kommt die Luft mit Kraft von hinten nach vorne.

Beim ‚P' springt dann die Knospe auf: ‚P' ist ein harter bilabialer Verschlusslaut. Sie bilden ihn mit beiden Lippen und öffnen damit kraftvoll den Mundraum nach einem kurzen, letzten Verschluss. Das kurze auslautende ‚E' gibt der Blüte Raum, sich zu entfalten. Die Knospe öffnet sich.

Ähnlich wie bei Knospe bilden viele Wörter ab, was sie benennen. Ich empfinde es immer wieder als ein Erlebnis, zu erfahren, wie viel Weisheit in der Sprache enthalten ist. Ich lade Sie ein, sich die Zeit zu schenken und Wörter zu kosten. Lassen Sie sich das eine oder andere Wort auf der Zunge zergehen und fühlen Sie seine Wirkung und auch seine Bedeutung neu.

In der Sprache liegt eine tiefe Kraft. Mit LINGVA ETERNA® wird sie auf vielerlei Weisen sichtbar.

3 Sprache in alltäglichen Situationen

Täglich wiederkehrende Situationen aus dem privaten und beruflichen Alltag erscheinen vor dem Hintergrund von LINGVA ETERNA® in neuem Licht. Nicht nur wir machen in diesen Situationen etwas mit unserer Sprache. Unsere eigene Sprache macht auch etwas mit uns.

Gerade in völlig alltäglich erscheinenden Situationen sagen Menschen das, was sie sagen wollen. Dabei reflektieren sie die Struktur ihrer Sprache nicht. Sie reden einfach. In solchen Momenten offenbaren sich ihnen und natürlich auch ihrem Umfeld tiefsitzende Prägungen und Lebenseinstellungen. Und genau in solchen Momenten können sie sie leicht und scheinbar nebenbei wandeln – vorausgesetzt sie wissen, auf was es dabei ankommt.

Diese Situationen bieten wundervolle Möglichkeiten, eigene Prägungen und Denkmuster zu erkennen und gezielt mit scheinbar geringfügigen Änderungen der bisher gewohnten Formulierungen das eigene Leben bewusst zu gestalten und neue Akzente zu setzen. Menschen aus dem Umfeld empfinden die gewandelte Sprache oftmals als angenehm und geben entsprechende wohlwollende und freudige Signale. Dabei wissen sie nicht genau, was anders ist. Das sagen sie des Öfteren auch so.

Es ist eine große Stärke von LINGVA ETERNA®, dass wir bei all unseren Betrachtungen der individuellen Sprache immer wieder von alltäglichen Situationen ausgehen und auch immer wieder in alltäglichen Situationen ankommen. Auf diese Weise ist es leicht, das Gelernte und Erkannte in den Alltag zu integrieren. Dies ist sicher ein wesentlicher Grund für die schnelle Wirkung und die große Nachhaltigkeit von LINGVA ETERNA®.

Alltägliche Situationen sind eine Fundgrube für jeden, der sie mit einem von LINGVA ETERNA® geschulten Ohr und Blick erlebt. Ich lade Sie ein, solche Situationen mit neuen Ohren zu hören und mit neuen Augen zu sehen und mit einem neuen Blick für die Wirkung von Sprache neu zu gestalten!

So stellen Sie den Kontakt sicher her: Die drei A

Im alltäglichen Miteinander sprechen Menschen einander an und erreichen sich dennoch oftmals nicht. Die Informationen klingen zwar durch den Raum, doch gehen sie an dem Angesprochenen vorbei. Häufig ist das eine Ursache für Ärger und bringt Abläufe oft erheblich ins Stocken oder sogar aus der Bahn. So bleiben viele wertvolle Informationen auf der Strecke.

Dies kann ganz einfache Gründe haben: Der Angesprochene ist mit seiner vollen Aufmerksamkeit bei seinem Tun. Die Information des anderen ging an ihm vorbei. Der andere mag ihm dies als Ignorieren auslegen. In Wirklichkeit hat er jedoch versäumt, sein Gegenüber klar anzusprechen und mit ihm Kontakt aufzunehmen, ehe er weitersprach.

Erwachsene reden oftmals einfach los, ohne erst bewusst den Kontakt mit dem Gesprächspartner herzustellen. Sie nennen nicht einmal seinen Namen. Sie könnten genauso gut jemanden anderen ansprechen. Es ist einsichtig, dass der Gesprächspartner sich dann nicht angesprochen fühlt und folglich nicht hinhört.

Das klingt dann beispielsweise so: „Ich gehe in die Verwaltung." Der Kollege bekommt diese Äußerung möglicherweise nicht mit. Niemand hat ihn wirklich angesprochen, und er war in seine Arbeit vertieft. Manche Menschen machen einen anderen Fehler. Sie sprechen ihren Gesprächspartner mit seinem Namen an. Doch schließen sie an den Namen in einem Atemzug ihre Botschaft an. Damit reden sie über den Angesprochenen hinweg oder an ihm vorbei. Oftmals hört er seinen Namen nicht. Er geht im folgenden Text unter. Das kann so klingen: „Martin, ich gehe in die Verwaltung." Natürlich wird er als Folge auch nicht oder nicht gleich hinhören können. Mindestens ein Teil der Botschaft ist bis dahin an ihm vorbei gegangen.

Das Ergebnis dieser beiden Kommunikationsfehler ist jeweils frustrierend und Quelle häufiger Ärgernisse. Diese sind völlig überflüssig.

Es ist einfach, die Aufmerksamkeit des Gesprächspartners zu gewinnen und ihm erst danach die jeweilige Information zu geben. Die drei A helfen dabei. Sie sind eine Basisübung von LINGVA ETERNA®: Das erste A steht für Ansprechen, das zweite A für Anschauen und das dritte A für einen kurzen Atemzug, bevor die eigentliche Aussage, Bitte oder Frage, kommt.

Mit den drei A heißt der obige Satz so: „Martin!" – Reaktion abwarten – „Ich gehe in die Verwaltung und werde danach gleich wiederkommen." Hier kam nach den drei A eine klare Auskunft hinsichtlich der Dauer der Abwesenheit. Dann weiß der Kollege genau Bescheid.

Wir können hier von kleinen Kindern viel lernen. Sie wenden die drei A immer an. Sie nehmen mit ihrem Gesprächspartner immer Kontakt auf, ehe sie weitersprechen. Sie sagen: „Mama" oder „Papa" und schauen sie an. Dabei warten sie auf eine Reaktion. Sie sagen dies so oft, bis der Angesprochene den Kontakt mit einem Blickkontakt, Nicken, Blinzeln oder einem „Ja!" oder einer anderen Äußerung bestätigt. Kleine Kinder weinen eher, als dass sie weitersprechen. Sie verlieren keine Worte, ehe sie sich des Kontaktes sicher sind.

Johanna blühte auf

Johanna fühlte sich oft übersehen und wenig geachtet, wenn ihre Kolleginnen ihre Anmerkungen und Wünsche anscheinend überhörten. Sie hatte den Ärger monatelang heruntergeschluckt und war verzweifelt. Sie wusste nicht, was sie falsch machte.

Die drei A waren die Lösung für sie. Sie erkannte, dass sie ihre Kolleginnen nie oder so gut wie nie mit ihren Namen angesprochen hatte. Sie hatte immer nur gesagt: „Könntest du bitte ...?" Oder: „Kannst du bitte ...?" Oder sie hatte einfach gesagt, was sie sagen wollte, ohne vorher den Kontakt herzustellen.

Nun machte sie sich als erstes bewusst, was sie der jeweiligen Kollegin sagen wollte. Danach sprach sie sie mit dem Namen an und schaute dann die Kollegin an, bis sie Blickkontakt mit ihr hatte. Des Weiteren achtete sie auf die kurze Atempause, ehe sie weitersprach. Johannas Freude war groß: Sie erlebte, dass die Kolleginnen sie von da an ansahen und das, was sie sagte, ernst nahmen und vielfach auch aufgriffen. Das war für sie neu. Sie erkannte, dass sie schlicht und ergreifend einen grundlegenden Fehler bei der Kontaktaufnahme gemacht hatte. Den hatte sie nun behoben.

Das Arbeitsklima wurde mit dieser kleinen Korrektur herzlicher und deutlich lockerer als vorher. Damit stieg auch die Bereitschaft, einander zu helfen.

Johannas bewusstes Ansprechen der Kolleginnen und Kollegen mit ihrem Namen hatte noch eine weitere Wirkung und zog Kreise: Johanna erlebte in den darauf folgenden Wochen, dass diese nun auch sie des Öfteren mit ihrem Namen ansprachen und die drei A anwendeten. Sie hatten ihren Impuls aufgegriffen, ohne dass Johanna sie je darauf angesprochen oder es ihnen erklärt hatte. Sie spürte, wie gut ihr der neue Umgangston tat. Dabei erkannte sie glücklich und dankbar, dass sie in ihrer Umgebung etwas wohltuend in Bewegung bringen konnte, allein indem sie ihren eigenen Sprachgebrauch im Sinne von LINGVA ETERNA® wandelte.

Die Kolleginnen sprachen sie nach einigen Wochen an und fragten sie, was bei ihr anders geworden sei. Sie spürten es und konnten es doch nicht genau fassen. Erst danach erzählte sie ihnen von LINGVA ETERNA® und steckte einige von ihnen mit ihrer neu gewonnenen Freude an der Sprache an.

13. LINGVA ETERNA®-Übung

Integrieren Sie die drei A in Ihren Alltag:
Ansprechen,
anschauen und Blickkontakt aufnehmen und ein kurzer Atemzug.

Ein Beispiel:
Statt: „Jürgen, ich habe eine Frage an dich!" machen Sie nach dem Ansprechen des Namens bitte eine kleine Pause: „Jürgen! — Ich habe eine Frage an dich!"
Beobachten Sie, welche Wirkung die drei A auf Sie selbst und auf Ihr Umfeld haben!

Wie bestellen Sie Essen?

In täglich wiederkehrenden Situationen gebrauchen Menschen die ihnen gewohnten Formulierungen. Sie haben sie schon immer so gebraucht und finden sie völlig normal. Und genau in diesen Situationen offenbaren sich, wie Sie bereits wissen, tiefsitzende Sprach- und damit Denkstrukturen. LINGVA ETERNA® greift darum bewusst solche spontanen und scheinbar banalen Sätze aus dem Alltag auf und bietet Alternativen an.

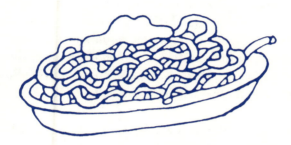

So lade ich Sie ein, mich gedanklich in ein italienisches Restaurant zu begleiten. Das Bestellen von Essen erweist sich als eine wahre Fundgrube an Möglichkeiten. Bevor Sie weiterlesen, bitte ich Sie, sich vorzustellen, wie Sie Platz nehmen und gleich Spaghetti bestellen werden. Was werden Sie sagen, wenn die Bedienung kommt und die Bestellung aufnimmt?

Der Großteil der Gäste sagt: „Ich hätte gern Spaghetti." Oder: „Ich möchte gern Spaghetti." Wieder andere sagen nur: „Einmal Spaghetti, bitte!" Wieder andere stellen eine Frage: „Können Sie mir Spaghetti bringen?" Damit aus der Frage eine Bitte wird, fügen sie ein ‚bitte' ein. Die Satzmelodie ist dann eine Bitte und der Satzbau eine Frage. Einige wenige Gäste sagen: „Bitte bringen Sie mir eine Portion Spaghetti!"

Sie alle bestellen eine Portion Spaghetti. Das ist vordergründig das Gemeinsame. Bei genauem Hinsehen und Hinhören werden Sie bedeutsame Unterschiede in den Formulierungen bemerken. Und diese Unterschiede spiegeln die Lebenssituation und die Lebenseinstellung der Sprecher weitgehend wider.

Der Satz „Ich hätte gern Spaghetti" ist ein halber Satz. Diesem Satz fehlt die zweite Hälfte: „… wenn ich Lust auf Spaghetti hätte, wenn es nicht schon so spät wäre" usw. Diese Bedingungen sind im Allgemeinen sinnlos. Mit dem halben Satz lädt der Sprecher Situationen in sein Leben ein, in denen ihm ein bedeutsamer Teil fehlt. Seminarteilnehmer sind immer wieder völlig erstaunt, wie schnell sie als eine Alternative wieder einen halben Satz bilden.

Dann folgt im Allgemeinen die zweite Variante: „Ich möchte gern Spaghetti!", ‚Möchten' ist der Konjunktiv zu ‚mögen'. So ist ein Satz, der mit „Ich möchte gern …" beginnt, grammatikalisch gesehen auch nur der erste Teil eines Bedingungssatzes. Der zweite Teil fehlt auch hier. Damit ist aus der Sicht von LINGVA ETERNA® eines klar: Diesen Menschen fehlt etwas in ihrem Leben und sie laden dieses wiederkehrende Muster mit diesem sprachlichen Muster immer wieder neu in ihr Leben ein.

Die dritte Variante der Spaghetti-Bestellung ist auch ein unvollständiger Satz: „Einmal Spaghetti, bitte!" Auch hier fehlt ein wesentlicher Teil. Dieses Mal fehlt das Verb. Der Kellner kann sich die Wörter „Bringen Sie mir …" dazudenken. Doch macht ihn das im Laufe eines langen Tages bei zig Bestellungen dieser Art mit der Zeit ärgerlich, ohne dass es ihm bewusst ist. Dies ist die zweite Seite der Wirkung von Bestellungen.

Ich bleibe mit meiner Aufmerksamkeit weiterhin auf der Seite des Gastes und betrachte die Wirkung seiner Bestellung auf ihn selbst. Der Gast bestellt sich mit Satzfragmenten mehr als nur die Portion Spaghetti: Er denkt in Fragmenten und lädt mit dieser Art zu sprechen und zu denken Bruchstücke und halbe Sachen in sein Leben ein. Dies gilt für jede der drei Varianten.

Der vierte Satz mit der Fragestellung „Können Sie mir bitte Spaghetti bringen?" trägt auf der strukturellen Ebene einen Widerspruch in sich. Der Gast vermischt Frage und Bitte. Damit gibt er dem Kellner eine verworrene Information, wobei er glaubt, dass seine Formulierung höflich sei. In Wahrheit stellt er sein Bitten in Frage.

Ein kleiner Teil der Gäste bildet bei der Bestellung einen vollständigen Satz und äußert eine klare Aufforderung: „Bitte bringen Sie mir eine Portion Spaghetti!" Jeder Kellner atmet auf und weiß genau, was der Gast will. So tut er sich leicht. Dieser Gast ist ein Mensch, der seine Ziele kennt und weiß, was er will und was er sich wünscht. Seine Klarheit ist bereits in dieser kurzen Situation deutlich spürbar. Mit einer solchen Art zu sprechen und zu denken ist es ihm auch in anderen Lebenssituationen leicht, Dinge zu Ende zu führen und rund zu machen. Er lädt ganze Sachen in sein Leben ein.

Die sprachlichen Merkwürdigkeiten bei den Bestellungen gehen beim Bedienen weiter. Lauschen Sie, was der Kellner sagt, wenn er das Essen an den Tisch bringt: „Wer wollte die Spaghetti?" Würden Sie sich jetzt melden? Kommt Ihnen an dieser Frage irgendetwas komisch vor?

Erstens ist auch diese Frage nur ein Halbsatz: Das Verb fehlt. Sie ergänzen, ohne es zu merken: ‚haben' oder ‚essen'. Außerdem fragt der Kellner, wer die Spaghetti haben wollte, und gebraucht dabei die Vergangenheit. Der Gast wollte die Spaghetti mit Sicherheit nicht nur essen: Er wartet auf sie und will sie noch immer essen. Die Vergangenheit ist hier fehl am Platz.

Erinnern Sie sich noch an den Satz, mit dem Sie Ihre Portion Spaghetti am Anfang dieses Kapitels bestellen wollten? Stimmt er noch so für Sie? Oder wollen Sie ihn wandeln? Ich bin sicher, dass Sie beim nächsten Bestellen Spaß haben werden. Und den wünsche ich Ihnen auch!

Und noch eines: Haben Sie Geduld mit sich! Guten Appetit!

Wie melden Sie sich am Telefon?

Das Telefonieren gehört zum Alltag. Dabei können Sie entweder der Anrufende sein oder der oder die Angerufene. Angenommen, bei Ihnen daheim klingelt das Telefon und Sie nehmen das Gespräch an. Jeder weiß, wie das geht: Erst heben Sie den Hörer ab und dann melden Sie sich. Danach wird sich der Anrufer melden. Nun habe ich eine Frage an Sie: Wie melden Sie sich am Telefon daheim?

Meistens folgen Erwachsene hierbei einer Gewohnheit, oder sie haben eine feste Vorstellung von dem, was aus ihrer Sicht für einen Erwachsenen richtig ist, und halten sich daran.

Ähnlich wie beim Bestellen im Restaurant sind auch hier zahlreiche Varianten üblich. Dies kann ein schlichtes „Hallo?" sein oder ein „Ja bitte?!" Oder auch nur ein fragendes Ja: „Ja?" Bei diesen Kurzformen zeigt sich der Angerufene nicht. Er gibt sich nicht namentlich zu erkennen. Vielleicht will er dies in diesem Moment auch so. Er weiß ja nicht, wer ihn anruft, und der Anrufende weiß eher, wen er an der Leitung haben wird. Wenn mehrere Menschen zusammenleben, dann können dies freilich mehrere Personen sein.

Ich lade Sie ein, diese Varianten zu erproben. Stellen Sie sich bitte vor, dass das Telefon klingelt und Sie den Hörer abnehmen. Sagen Sie eine dieser Kurzformen halblaut und horchen Sie in sich hinein: „Hallo? – Hallo?" Wie klingt diese Äußerung für Sie? Wiederholen Sie dies noch einmal.

Mögen Sie auch die Wirkung der anderen beiden Kurzformen ausprobieren? Horchen Sie jeweils in sich hinein und spüren Sie, was dieses kurze Melden mit Ihnen macht: „Ja? – Ja?" und dann „Ja bitte? – Ja bitte?" Wie geht es Ihnen mit diesen Kurzformen? Fühlen Sie sich mit Ihnen wohl? Sind für Sie alle drei gleich? Oder gibt es Unterschiede?

Sie können sich am Telefon natürlich auch mit Ihrem Namen melden. Auch hier haben Sie mehrere Möglichkeiten, aus denen Sie wählen können. Freilich können Sie nur dann wirklich wählen, wenn Sie eine Wahl haben und nicht nur einem Automatismus folgen.

Vielleicht melden Sie sich nur mit Ihrem Nachnamen oder nur mit Ihrem Vornamen oder auch mit Ihrem Vor-

und Nachnamen. Als Margot Müller sagen Sie dann entweder „Margot", „Müller" oder „Margot Müller". Und wiederum haben Sie eine weitere Wahl: Sie können einen guten Morgen oder einen guten Tag wünschen und Ihren Namen nennen: „Guten Morgen! Ich bin Margot Müller."

Sie sehen: Der Beginn eines ganz normalen Telefongesprächs kann ganz unterschiedlich sein. Auch hier lade ich Sie ein, eine Wortprobe zu machen und die unterschiedliche Wirkung dieser drei Varianten mit dem Namen zu erproben. Wenn Sie dies tun mögen, dann setzen Sie bitte Ihren Namen ein. Wie klingen die drei Varianten mit Ihrem Namen?

Vielleicht klingelt gerade zufälligerweise Ihr Telefon und Sie gehen hin. Wie melden Sie sich? So wie immer? Oder bewusst so wie immer?

Manche Menschen glauben, dass es schneller sei, nur den Nachnamen zu sagen als den vollständigen Namen und dass sie dann damit Zeit gewinnen. Wieder andere glauben, dass nur Kinder sich mit ihrem Vornamen und Nachnamen melden und dass sie dafür schon zu alt seien.

Der vollständige Name hat natürlich eine andere Wirkung als nur der kurze Nachname: Mit dem vollständigen Namen zeigen Sie sich viel mehr als nur mit dem Nachnamen. Sie erlauben sich Zeit und Raum. Das ist für viele Menschen neu. Dies hat viel zu tun mit dem Selbstbewusstsein eines Menschen.

Es gibt noch einen weiteren Aspekt. Ein kurzes, knappes „Hallo!" oder „Müller" erzeugt beim Anrufenden leicht das Empfinden, dass Sie in Eile sind und der andere Sie gerade stört. Mit dem zeitlich gesehen minimal längeren Gruß strahlen Sie Ruhe aus und haben damit auch eine beruhigende Wirkung auf den Anrufer, selbst wenn und auch gerade dann, wenn dieser angespannt ist.

So gibt ein Mensch am Telefon vielsagende Signale, allein indem er den Hörer abhebt und sich meldet. Diese Signale gibt er sich selbst und auch seiner Umwelt. Sie wirken immer, egal ob er sie bewusst aussendet oder nicht. Sie wirken in erster Linie auf ihn selbst.

Petra meldet sich mit ihrem vollen Namen

Anfangs glaubte Petra, dass sie mit ihren 36 Jahren zu alt sei, um sich mit Vor- und Nachnamen zu melden. Sie fand, dass das nur kleine Kinder und Schulkinder tun. Sie fand es albern, sich mit „Petra Klein" zu melden. Sie fand, dass „Klein" genüge. Schließlich hatte sie sich schon immer so gemeldet, seit sie erwachsen war.

Auf der einen Seite lehnte sie es ab, sich privat am Telefon anders zu melden, als sie es seit Jahren getan hatte. Auf der anderen Seite war sie zu uns gekommen, um ihr Selbstwertgefühl zu stärken. Sie klagte, dass ihr Umfeld sie noch immer nicht so richtig wahrnahm. Sie fühlte sich darum oft übersehen.

So war die Übung mit dem Telefon für sie jeden Tag erneut eine wundervolle Möglichkeit, sich den anderen zu zeigen. Nach anfänglichem Zögern wagte sie den Schritt. Für sie war es ein großer Schritt. Wenn sie schon die Art ihres Telefonierens änderte, dann wollte sie gleich eine ganze Sache machen und dem Anrufer auch etwas Gutes wünschen. Dies entsprach ihrer inneren Einstellung. So sagte sie von nun an: „Petra Klein. Guten Tag!"

Dies wollte sie vier Wochen lang so machen und dann entscheiden, wie sie sich weiterhin melden würde. Schon nach den ersten Tagen merkte sie die Wirkung: Die Anrufenden waren mit ihr deutlich herzlicher und achtsamer als vorher. Sie bedankten sich danach bei ihr oftmals für das angenehme Gespräch und wünschten auch ihr einen guten Tag. Dies tat ihr gut. Sie fasste immer mehr Mut und zeigte sich auch sonst in ihrem Leben mehr und mehr. Sie begann, ihre Wünsche und Bedürfnisse klar zu äußern, und merkte, dass andere sie ihr gern erfüllten. So tat sich ihr mit dem neu gewonnenen Bewusstsein für die Wirkung von Sprache eine neue, bunte Welt auf.

Als die vier Wochen für die Telefonübung um waren, blieb sie bei der für sie inzwischen schon selbstverständlichen Art, sich am Telefon zu melden. Von nun an meldete sie sich auch an ihrem Arbeitsplatz auf eine für sie bis dahin neue Weise, mit einem ebenso guten Ergebnis.

Einkaufsfreuden

Das Einkaufen kann je nach innerer Einstellung und Lebenssituation eine Freude oder eine Last sein. Mit dem Blick auf LINGVA ETERNA® gewinnen diese so alltäglichen Situationen einen neuen Reiz.

Während Menschen einkaufen, pflegen sie ihre gewohnten Sprachmuster und damit auch ihre Denkmuster.

Diese offenbaren sich dabei ihnen selbst und auch ihrem Umfeld ebenso, wie wir dies bereits beim Bestellen im Restaurant und beim Telefonieren gesehen haben. Dies gilt in gleicher Weise für vielerlei private und berufliche Situationen.

Auch hier gibt es Menschen, die durch ihre Art zu sprechen zeigen, dass sie erfolgreich, zielorientiert, klar und selbstbewusst sind. Sie bilden klare, eindeutige Sätze und haben einen anderen Wortschatz als diejenigen, die sich in ihrem Leben immer wieder als Opfer der Umstände sehen und vielfach Mangel erleben. Dieselben Menschen sprechen in Hinblick auf die sprachliche Struktur ihrer Sprache immer dieselbe Sprache. Es wandelt sich einzig und allein der Rahmen und die Thematik der Gespräche und Äußerungen.

Den meisten Kunden ist nicht bewusst, wie sie die Verkäuferin oder den Verkäufer ansprechen. Die Hauptsache ist für sie, dass sie nach dem Einkauf die gewünschten Dinge nach Hause tragen können. Doch ist das nur ein Teil des Einkaufens. Die Situation hält mehr für Sie bereit, wenn Sie sich darauf einlassen.

Diese Situationen sind eine stetig wiederkehrende Chance, dem eigenen Leben durch neue sprachliche Wendungen eine Wende zu geben. In solchen Momenten kann jeder Mensch damit beginnen, sich von sprachlichen Gewohnheiten und frühen Prägungen zu lösen. Ebenso kann er auch damit beginnen, bewusst neue, wohltuende Rede-Wendungen in seinen persönlichen Sprachgebrauch aufzunehmen.

So sind natürlich Einkaufssituationen im Sinne von LINGVA ETERNA® wunderbare Möglichkeiten, auf die Ausdrucksweise der Glücklichen und Erfolgreichen zu lauschen und von ihnen zu lernen. Hier tut sich wieder ein weites Übungsfeld auf.

Ich lade Sie nun ein, sich innerlich auf einen Einkauf im Obst- und Gemüsegeschäft einzustellen. Wie gehen Sie hinein? Wie beginnen Sie das Gespräch und was sagen Sie, wenn Sie nach dem Einkauf zwei Salatköpfe, ein halbes Kilo Bohnen, ein Bund Bohnenkraut und zwei Kilo Kartoffeln in Ihrem Korb haben wollen?

Sagen Sie: „Ich hätte gern zwei Salatköpfe!" Halten Sie inne und wiederholen Sie diesen Satz bitte: „Ich hätte gern zwei Salatköpfe!" Wie geht es Ihnen mit diesem Satz? Vielleicht erkennen Sie nach dem Wiederholen, dass dieser Satz nur ein halber Satz ist. Bei diesem Satz fehlt die Hälfte. Der Satz lässt eine weitere Hälfte erwarten: „Ich hätte gern zwei Salatköpfe, wenn ..." Dieser Satz ergibt mit der Bedingung in der Einkaufssituation keinen Sinn mehr.

Oder sagen Sie statt der ersten Variante den folgenden Satz: „Ich würde gern zwei Salatköpfe nehmen!" Wiederholen Sie bitte auch diesen Satz einmal: „Ich würde gern zwei Salatköpfe nehmen!" Wie geht es Ihnen mit diesem Satz?

Auch bei diesem Satz fehlt der zweite Teil. Auch er müsste eine Bedingung enthalten: „Ich würde gern zwei Salatköpfe nehmen, wenn ... sie frisch wären ... oder ..." Dies meinen Kunden nicht, wenn sie ihre Wünsche auf eine solche Weise formulieren. Auch mit diesem halben Satz laden Sie sich nur das halbe Glück ein.

Der Satz mit dem ‚ich würde gern' hat wenig Kraft. Und er klingt wenig würdevoll. Er sieht meistens auch wenig würdevoll aus. Menschen haben oftmals die Tendenz, bei der Variante mit dem ‚ich würde gern' mit dem Kopf zu wackeln oder ihn nach vorn und hinten zu schieben. Unbewusst wollen sie ihrer Aussage damit Nachdruck geben.

Statt des gewohnheitsmäßigen und häufig gebrauchten ‚würde' in dieser Art von Sätzen gebe ich lieber dem Wort ‚Würde' und damit der Würde in der täglichen Sprache wieder Raum und schreibe die Würde groß.

Ein würdevoller Mensch gebraucht kaum Sätze wie „Ich würde gern einen Kopfsalat nehmen". Er geht aufgerichtet und mit gemessenem Schritt in den Laden und sagt dem Verkäufer klar und freundlich seine Wünsche. Er hat auf der anderen Seite das Wort ‚Würde' in seiner persönlichen Sprache. Die Würde bedeutet ihm viel. Darum spricht er von ihr. Das Wort ‚Würde' fehlt dagegen bei den notorischen ‚Ich würde gern'-Sagern oftmals fast völlig in ihrem persönlichen Sprachgebrauch.

Es gibt noch weitere Möglichkeiten beim Einkauf: Manche Kunden stellen dem Verkäufer eine Frage. Diese lautet: „Können Sie mir zwei Salatköpfe geben?" Lassen Sie sich diese Frage bitte nochmals auf der Zunge zergehen: „Können Sie mir zwei Salatköpfe geben?"

Bei genauem Hinhören klingt diese Frage eigentümlich: Warum sollte der Verkäufer, der vor den Salatköpfen steht, dies nicht können? Der Kunde ist sich dessen nicht bewusst, dass er dem Verkäufer eine Frage stellt. Er glaubt, er sage klar, dass er zwei Salatköpfe kaufen will, und hält sich dabei für höflich. Mit diesem sprachlichen Muster macht er eine klare Aufforderung und stellt seinen Wunsch in Frage.

Der Verkäufer weiß bei der Frage „Können Sie mir zwei Salatköpfe geben?" natürlich, was der Kunde oder die Kundin damit sagen will, und er denkt sich den Satz so zurecht, wie er heißen müsste, wenn der Kunde oder die Kundin sagen würde, was er oder sie in Wirklichkeit sagen will, und reicht ihm den Salat. Diese Automatismen sind bei jedem, auch beim Verkäufer, über die Jahre weitgehend eingeschliffen. Er merkt die Belastung nicht, die Sätze dieser Art täglich über Stunden für ihn bedeuten. Er spürt jedoch die Erleichterung und Entlastung, wenn ein Kunde klar und wohlwollend sagt, was er sich wünscht. Er wird diesen Kunden umso lieber und aufmerksamer bedienen. Und so beginnt schon hier die Wechselwirkung von Sprechen und Erleben.

Einfach und klar ist die folgende Variante des Einkaufens: „Bitte geben Sie mir zwei Salatköpfe!" Oder auch: „Sie haben wieder wundervolle Salate. Bitte geben Sie mir zwei Salatköpfe!" Klare, kurze, zielorientierte und vollständige Sätze sind Ausdruck eines klaren Geistes und sie formen auch einen klaren Geist.

Was auch immer der Kunde sagt, er schafft sich sein eigenes Leben, einfach indem er so spricht, wie er eben spricht. Manchmal bringt eine neue Wortwahl ein lustiges Ergebnis. So erging es Andrea. Sie wollte gleich nach dem ersten LINGVA ETERNA®-Seminarbesuch die für sie so gewohnten ‚Ich hätte gern'-Sätze neu formulieren.

Was Viktoriabarsch mit Sex zu tun hat

Eine junge Frau ging zum Einkaufen in den Fischladen. Sie wusste genau, was sie kaufen wollte, und hatte sich schon einen Satz zurechtgelegt. Sie nahm sich vor, in den Laden zu gehen, ‚guten Morgen' zu sagen und dann ganz schlicht und einfach ihren Wunsch zu äußern: „Bitte geben Sie mir 250 Gramm Viktoriabarsch!" Bis vor kurzem hätte sie, wie in Franken üblich, einfach gesagt: ‚Ich hätte gern 250 Gramm Viktoriabarsch.'

Sie betrat den Laden und grüßte die Verkäuferin. Hinter ihr kam ein älterer Herr herein, der auch einkaufen wollte. Nun geschah etwas, was sie nicht eingeplant hatte. Die Verkäuferin fragte sie in gutem Fränkisch: „Was hätten wir denn gern?" Da hörte sie sich sagen: „Ich hätte gern 250 Gramm Viktoriabarsch!" Die Verkäuferin begann damit, den Fisch einzupacken, und der ältere Herr sagte: „Das hätte ich auch gern, auch 250 Gramm Viktoriabarsch!" Die junge Frau war weiterhin bestrebt, ihr neues LINGVA ETERNA®-Wissen anzubringen. Sie wollte wenigstens beim nächsten Satz etwas aus ihrer Sicht sprachlich Wertvolles sagen und nicht wieder nur einem Automatismus folgen. Sie wollte nicht einfach wie immer fragen: „Was kostet das jetzt?" Oder: „Was kriegen sie dafür?" Sie wusste, dass ‚kriegen' sich von ‚Krieg' ableitet. So wollte sie diese Formulierung auch nicht.

Dann hob die Verkäuferin die Tüte mit dem Fisch hoch und reichte sie ihr. In diesem Moment fragte Andrea: „Und was wünschen Sie sich dafür?" ‚Wünschen' fand sie gut. Die Verkäuferin nannte ihr den Preis: 4 Euro und 6. Der ältere Herr hörte dies und sagte laut: „Das wünsche ich mir auch!" Dann wartete er, was die beiden Damen aus seiner Bemerkung machen würden. Nach kurzem Zögern lachten alle drei und die Verkäuferin hatte vergessen, ob sie schon kassiert hatte.

Ich bin sicher, dass der Viktoriabarsch der jungen Frau nach diesem fröhlichen Scherz ganz besonders gut geschmeckt hat.

Wie fragen Sie in einer fremden Stadt nach dem Weg?

Auch dies ist eine Situation aus dem täglichen Leben: Jemand befindet sich in einer fremden Stadt und kennt sein Ziel. Jedoch weiß er nicht, wie er dieses Ziel am besten erreichen kann. So hält er an und fragt einen Passanten nach dem Weg. Im Grunde ist es ein völlig normaler Vorgang, dass ein Fremder einen Einheimischen anspricht und ihn nach dem Weg fragt. Es kommt auf das ‚wie' an. Dieses hat eine Auswirkung auf die Situation selbst. Und gleichzeitig hat das der Formulierung zugrunde liegende Denken und Fühlen eine Wirkung auf das Leben dessen, der da gerade nach dem Weg fragt.

Wie schon bei den vorher genannten Situationen gibt es auch hier zahlreiche mögliche Arten, einen Passanten nach dem Weg zu fragen. Die Formulierungen entspringen der individuellen Gewohnheit und frühen Prägungen. Jeder Mensch fragt in solchen Situationen so gut wie immer auf die gleiche Weise. Ihm ist dies selten bewusst. Und die jeweilige Wirkung seiner Sätze ist ihm noch weniger bewusst. Auch hier lohnt es sich, genau hinzuschauen und hinzuhören.

„Darf ich Sie mal stören. Wo geht es hier bitte zum Bahnhof?" Ich lade Sie ein, dieser Formulierung nachzuspüren und einen Moment in sich hinein zu lauschen. Sagen Sie halblaut: „Darf ich Sie mal stören. Wo geht es hier bitte zum Bahnhof?" und wiederholen dies noch einmal. Was macht diese Formulierung mit Ihnen?

Das Wort ‚stören' irritiert, ebenso die fehlende Möglichkeit einer Antwort auf die Frage. Wer so spricht, tut so, als ob er den Angesprochenen fragen würde, ob er ihn stören darf. Er wartet die Antwort jedoch nicht ab und redet einfach weiter. Er stört wirklich. Dabei meint er, dass er mit dieser Formulierung höflich sei. Glücklicherweise weiß der Angesprochene, was der Fragende in Wirklichkeit meint, und wird ihm den Weg zum Bahnhof beschreiben.

Wieder andere Menschen sprechen den Passanten an und beginnen mit einem „Entschuldigung!" Manche fügen noch den Satz an: „Darf ich Sie mal stören?" Entschuldigung ist ein großes Wort. Darin geht es um Schuld. Das Wort ‚Entschuldigung' hat seinen Platz, wenn jemand einem anderen einen Schaden zugefügt und ihm wirklich wehgetan hat. Als Floskel ist ‚Entschuldigung' fehl am Platz und ein zu großes Wort.

Manche Menschen entschuldigen sich andauernd, auch wenn sie nichts gemacht haben, für das sie sich entschuldigen müssten. So machen sie sich klein und geben falsche Signale. Die meisten ‚Entschuldigungen' sind übertrieben. Mit einer neuen, bewusst gewählten Formulierung können Menschen gerade in solchen Situationen ihr Selbstwertgefühl deutlich anheben und eine wohltuende, kraftvolle Ausstrahlung entwickeln. Sie tun gut daran, das reflexartige ‚Entschuldigung!' zu wandeln und mit ihrem persönlichen Sprachgebrauch neue Wege zu gehen.

Ich habe einen einfachen Weg gefunden, um nach dem Weg zu fragen. Ich spreche einen Passanten an und sage: „Guten Tag! – Ich bin hier fremd. Darf ich Sie nach dem Weg zum Bahnhof fragen?" Oder auch: „Guten Tag! – Ich habe eine Bitte. Sagen Sie mir bitte, wie ich von hier zum Bahnhof komme!" So nehme ich mit dem Angesprochenen erst Blickkontakt auf und gebe ihm Zeit und Raum, sich auf mich einzustellen. Danach äußere ich meine Frage oder meinen Wunsch. Mit diesem achtsamen Umgang mit einem Passanten bekomme ich leicht das, was ich erbitte, wenn er es mir geben kann und auch geben mag. Gleichzeitig lade ich mit meiner eigenen achtsamen Art achtsame Menschen in mein Leben ein.

Komplimente machen und annehmen

Gute Worte tun jedem Menschen gut. Gute Worte sagen heißt im Italienischen ‚benedire'. Das bedeutet ‚segnen'. So haben gute Worte eine segensreiche Wirkung. Es gibt viele Möglichkeiten, gute Worte zu sagen. Komplimente gehören mit Sicherheit dazu.

Bei den freundlichen Worten ist es bedeutsam, dass sie wirklich freundlich und wohlmeinend sind, ohne jeglichen Hintergedanken und berechnende Absicht. Sie wollen auch ernst gemeint und ehrlich sein. Wenn dem nicht so ist, dann wirken sie auf den Sprecher nachteilig zurück.

Vielfach haben Männer und auch Frauen Hemmungen, jemandem Komplimente zu machen. Sie fürchten, dass der oder die Angesprochene meinen könnte, dass sie „etwas" von ihm oder ihr wollen oder dass sie als „schleimig" gelten. Offensichtlich haben etliche Menschen schlechte Erfahrungen mit Komplimenten gemacht und machen darum lieber gar keine mehr.

Kritisieren haben die meisten Menschen gelernt und sie gehen mit der Kritik oftmals freigebig um. Diese ist nicht immer wohlmeinend. Auch das fällt auf denjenigen zurück, der die Kritik übt.

Ehrliche, freundliche Komplimente wollen darum geübt sein. Der mit dem Kompliment Beschenkte kann sie am leichtesten annehmen, wenn er die ehrliche Meinung seines Gesprächspartners deutlich spüren kann. Derjenige, der einem anderen Menschen ein ehrliches Kompliment macht, tut sich dabei selbst etwas Gutes. Er lenkt seinen Blick auf Schönes und Gutes und lädt es damit in sein Leben ein.

Sabine macht der Freundin ein Kompliment

Sabine findet das Kostüm ihrer Freundin Petra elegant und sie will ihr ein Kompliment für das Kostüm machen. Sie kann dies auf vielerlei Weisen machen. Sie kann bei sich anfangen und ihre Meinung äußern: „Ich finde dein Kostüm elegant. Die kräftige Farbe kleidet dich gut. Und den Schnitt finde ich edelklasse." Dabei wird sie ihre Worte mit anerkennender Mimik und Gestik begleiten.

Ich lade Sie ein, dieses Kompliment zweimal langsam und halblaut zu sagen und dabei in sich hinein zu horchen: „Ich finde dein Kostüm elegant. Die kräftige Farbe kleidet dich gut. Und den Schnitt finde ich edelklasse. – Ich finde dein Kostüm elegant. Die kräftige Farbe kleidet dich gut. Und den Schnitt finde ich edelklasse." Wie wirkt dieses Kompliment auf Sie selbst, wenn Sie es auf diese Weise sagen? Was meinen Sie, wie die Angesprochene dieses Kompliment aufnehmen und was sie darauf sagen wird?

Nun machen Sie das gleiche Kompliment bitte auf eine andere Art und Weise: „Du hast aber ein elegantes Kostüm an! Die kräftigen Farben sind ehrlich stark. Und der Schnitt ist echt klasse!" Machen Sie auch mit diesem Kompliment eine Wortprobe und sagen es zweimal halblaut: „Du hast aber ein elegantes Kostüm an! Die kräftigen Farben sind ehrlich stark. Und der Schnitt ist echt klasse! – Du hast aber ein elegantes Kostüm an! Die kräftigen Farben sind ehrlich stark. Und der Schnitt ist echt klasse!"

Wie wirken diese anerkennenden Worte auf Sie? Was meinen Sie, wie die angesprochene Frau diese Sätze aufnehmen und was sie darauf antworten wird? Welches dieser beiden Komplimente sagen oder hören Sie lieber?

Betrachten wir die beiden Komplimente mit dem Blick von LINGVA ETERNA®. Ich lenke Ihre Aufmerksamkeit dabei auf scheinbar unbedeutende, kleine Wörter. Das erste Kompliment enthält klare, kurze Sätze und ist frei von Füllwörtern. Das zweite Kompliment enthält drei Füllwörter: ‚aber', ‚ehrlich' und ‚echt'.

Diese Füllwörter sagen weit mehr, als dem Sprecher und dem Angesprochenen bewusst ist. Auf einer unbewussten Ebene schwingen sie mit und stören die Aussage – hier das Kompliment – erheblich. Sie verwässern und entwerten es. Das ‚aber' schwächt die Aussage und lädt gleichzeitig Petra zum Widerspruch ein. Damit wird es ihr schwer, das Kompliment anzunehmen.

Gleichzeitig haben die Füllwörter eine Wirkung auf Sabine selbst und zeigen etwas von ihr. Sie kann in ihrem Leben eine wohltuende Wandlung einleiten, wenn sie diese kleinen Wörter gezielt aufspürt und sie eines nach dem anderen wandelt.

Häufiges ‚Aber'-Sagen hat eine weitreichende Wirkung auf den Angesprochenen und den Sprecher selbst. Gewohnheitsmäßige ‚Aber'-Sager haben oder hatten vielfach eine offene oder latente Bereitschaft, Widerstand zu leisten und nähren mit jedem ‚aber' dieses oft hinderliche Verhaltensmuster. Das an sich sinnlose ‚aber' in dem gut gemeinten Kompliment ist möglicherweise ein Überrest aus alten, rebellischen Zeiten und gibt somit ein falsches Signal. Wenn dem so ist, dann lohnt es sich, dieses Signal bewusst hinter sich zu lassen.

Die Füllwörter ‚ehrlich' und ‚echt' sollen Verstärker sein und dem Kompliment Nachdruck geben. Auf einer tieferen Ebene betonen sie das Ehrliche und Echte. Wieso betont Sabine bei dieser Variante des Kompliments, dass sie ehrlich ist? Ist Ehrlichkeit bei ihr nur eine Floskel?

Mit großer Wahrscheinlichkeit wissen Menschen, die so sprechen, nicht, dass sie in diesem Moment diese Wörter sagen. Und doch haben diese Wörter eine eigene Botschaft und sagen ihnen selbst und auch ihrem Gesprächspartner mehr von sich selbst, als es ihnen vielleicht recht ist. Sie dürfen dahin schauen, warum sie diese Wörter in dieser Weise gebrauchen, und sie dürfen dafür neue Formulierungen finden.

So sind klare, kurze und einfache Sätze, die von Herzen kommen, die Lösung. Sie tun demjenigen gut, der das Kompliment macht, und auch demjenigen, der es empfangen darf. Solche Wörter laden weitere Situationen ein, in denen ein Mensch wieder Gelegenheit hat, Komplimente zu machen und zu erhalten. Und wieder werden sie beiden Seiten gut tun. So beginnt eine wohltuende Spirale nach oben.

Komplimente annehmen

Ein Kompliment zu machen ist also im Grunde einfach. Es bedarf freilich einiger Übung, und diese wiederum bereitet beiden Seiten Freude.

Manche Menschen haben noch nicht gelernt, ein Kompliment anzunehmen. Sie werten es ab oder lehnen es sogar ganz ab. Ich bleibe bei dem Beispiel von Sabine und ihrer Freundin Petra und dem Kostüm. Petra kann das Kompliment abwerten. Dafür hat sie viele Möglichkeiten. Sie kann sagen: „Ich habe dieses Kostüm schon zehn Jahre. Es ist schon ganz alt!" Oder sie kann sagen: „Ich habe es von Tante Olga geerbt, und so trage ich es eben." Oder auch: „Dieses Kostüm habe ich letzte Woche gekauft. Es war heruntergesetzt. Dann habe ich zugeschlagen." So schlägt sie erstens zu, und zweitens wertet sie das Kompliment ab. Damit missachtet sie sich selbst, und sie mindert auch das Kompliment, das ihr Sabine gerade geschenkt hat.

Diese Abwertungen sind zahlreich und leider weit verbreitet. Ich sage ‚leider', da das Abwehren und Abwerten von guten Worten auch immer ein Abwehren und Abwerten der eigenen Person offenbart und mit der gewohnten abwertenden Formulierung auch weiterhin aktiviert. Hier ist ein Wandel der gewohnten Ausdrucksweise Not-wendend.

Wenn Sie ein Kompliment erhalten, dann dürfen Sie sich einfach freuen und sich bedanken und auch Ihrer Freude an dem Kostüm Ausdruck geben. Das kann so klingen: „Dankeschön! Das höre ich gerne!" Lächeln oder strahlen Sie Ihren Gesprächspartner einfach an. Diesen Augen-Blick dürfen Sie beide genießen. Wenn Sie mögen, können Sie weiter sagen: „Ich finde das Kostüm auch schick. Ich fühle mich ganz wohl darin." Und dann kann das Gespräch weitergehen, zum Beispiel können Sie von dem Material oder dem Schnitt des Kostüms oder Ihrem liebsten Damenausstatter sprechen.

Stellen Sie sich vor, dass jemand Ihnen zu Ihrer Kleidung ein Kompliment macht und Sie seine freundlichen Worte auf diese oder eine ähnliche Weise annehmen. Wie geht es Ihnen dabei? Welche Wirkung haben diese Sätze auf Sie? Horchen Sie in sich hinein. Wo fühlen Sie einen Nachklang in Ihrem Körper? Sind die Sätze Ihnen unangenehm? Oder tun sie Ihnen gut?

Sabine kann es Petra leicht machen, das Kompliment anzunehmen. Dabei hat die Art und Weise eine große Bedeutung, in der sie ihre Freundin auf ihr Kostüm anspricht.

14. LINGVA ETERNA®-Übung

Üben Sie sich darin, Komplimente zu machen. Wählen Sie jeden Tag einen Menschen im privaten und einen weiteren im beruflichen Bereich, dem Sie ein Kompliment machen.

Damit laden Sie auch Komplimente in Ihr Leben ein. Üben Sie sich, Komplimente anzunehmen. Lassen Sie die Abwertung hinter sich.

Führen Sie vier Wochen lang ein Komplimente-Buch. Schreiben Sie jeden Abend auf, wem Sie ein Kompliment gemacht haben und wie es Ihnen dabei ergangen ist. Sie dürfen sich auch selbst Komplimente machen!

Prüfen Sie nach vier Wochen, mit welchen Augen Sie sich und Ihre Mitmenschen inzwischen sehen. Hat sich etwas gewandelt?

Beobachten Sie, was sich in und nach diesen vier Wochen in Ihrem Leben bewegen wird. Erkennen Sie Ihren Anteil.

Was ein alltäglicher Bericht alles zeigt

Bei Berichten und Darstellungen steht der Inhalt im Vordergrund. Jemand berichtet beispielsweise von einer Reise und erzählt, wie er vom Bahnhof zum Hotel kam. Er benennt vielleicht das Verkehrsmittel, das er wählte, und einzelne Straßen, die er kreuzte oder die er entlangfuhr. Er wird möglicherweise auch einige Einzelheiten nennen, an die er sich genau erinnert. Wenn ihn jemand bittet, seinen Bericht zu wiederholen, dann wird er dies inhaltlich mit Sicherheit tun können. Er wird wieder die Straßen nennen und das Verkehrsmittel, das er benutzte.

Und doch wird dieser Bericht mit Sicherheit anders sein als der erste. Er erinnert sich nämlich nicht daran, ob er bei der ersten Version Passiv- oder Aktivsätze gebrauchte und welche Wörter er genau sagte und wie der Satzbau im Einzelnen war. Und auch bei der zweiten Version wird er sich dieser strukturellen Aspekte der Sprache nicht bewusst sein. Menschen haben dafür kein Erinnerungsvermögen, es sei denn, sie haben gelernt, darauf zu achten.

Bei LINGVA ETERNA® schaffen wir ein Bewusstsein für diese Strukturen und ihre Wirkung. Auf dieser Basis kann jeder und jede lernen, sie auf eine segensreiche Weise einzusetzen und damit Kongruenz und Klarheit im eigenen Denken und Sprechen zu entwickeln.

Der Satzbau spricht eine eigene Sprache

Bei dem Bericht einer noch so banal erscheinenden Handlung zeigt der Sprecher seinen individuellen Wortschatz und auch seine individuelle Art, Sätze zu bauen. Anders als beim Bestellen im Restaurant, beim Einkaufen und dem Machen oder Annehmen von Komplimenten greift er hier weniger auf feststehende Wendungen und Floskeln zurück und erzählt frei.

So offenbart und bewirkt ein Bericht nochmals weit mehr als die bereits betrachteten Situationen vom Sprecher. Gleichzeitig bietet auch er eine beständige Möglichkeit, mit den Prinzipien von LINGVA ETERNA® eigene tiefsitzende Denk-, Sprech- und damit auch Handlungsstrukturen zu erkennen, bewusst aufrechtzuerhalten oder sie auch bei Bedarf zu wandeln.

Ein Bericht kann aus vollständigen, klaren, kurzen und zielführenden Sätze bestehen. Solche Sätze haben einen deutlichen Anfang, eine Mitte und ein Ende. Der Punkt am Satzende ist durch eine minimale Pause und eine entsprechende Satzmelodie spürbar. Am Ende eines Aussagesatzes geht die Stimme nach unten. Bei dieser Art von Satzmelodie hat der Sprecher seine ganze Aufmerksamkeit bei dem Satz, den er gerade sagt. Dies klingt dann beispielsweise so: „Ich kam am Bahnhof an. – Dann ging ich zum Informationspunkt. – Dort fragte ich den Service-Mitarbeiter nach dem Weg zu meinem Hotel." Dabei senkt der Sprecher am Satzende jeweils die Stimme und macht eine minimale Pause.

Erlauben Sie sich bitte wieder eine Wortprobe. Lesen Sie diese Sätze bitte zweimal halblaut und horchen Sie in sich hinein. „Ich kam am Bahnhof an. – Dann ging ich zum

Informationspunkt. – Dort fragte ich den Service-Mitarbeiter nach dem Weg zu meinem Hotel. – Ich kam am Bahnhof an. – Dann ging ich zum Informationspunkt. – Dort fragte ich den Service-Mitarbeiter nach dem Weg zu meinem Hotel."

Diese Sätze wollen gefühlt und erlebt sein. Erst wenn Sie diese Sätze in sich nachklingen lassen und in sich hinein hören, können Sie ihre Wirkung spüren und wählen, ob sie Ihnen angenehm sind oder nicht. Wie empfinden Sie diese Art zu sprechen? Bitte merken Sie sich, wie Sie diese Sätze im Augenblick empfinden. Ich werde sie in Kürze nochmals aufgreifen.

Viel häufiger als diese vollständigen Bogensätze sind die zahlreichen Varianten von offenen oder unvollständigen Sätzen. Als erstes nenne ich die zahlreichen Bandwurmsätze. Sie haben wenig Struktur und nehmen kein oder nur kaum ein Ende. Sie sprechen ihre eigene Sprache und haben eine entsprechende Wirkung auf das Leben des Sprechers. Bandwurmsätze klingen beispielsweise so: „Ich kam am Bahnhof an, ähm, dann bin ich zum Informationsschalter, weißt du, ich wollte ja wissen, wo mein Hotel ist, ich hatte ja keine genaue Ahnung, wo das ist, und der Mann am Schalter, das war ein ganz netter, der sagte mir dann, wo mein Hotel ist …"

Ich lade Sie nochmals zu einer Wortprobe ein. Lesen Sie auch diese Sätze zweimal halblaut: „Ich kam am Bahnhof an, ähm, dann bin ich zum Informationsschalter, weißt du, ich wollte ja wissen, wo mein Hotel ist, ich hatte ja keine genaue Ahnung, wo das ist, und der Mann am Schalter, das war ein ganz netter, der sagte mir dann, wo mein Hotel ist … – Ich kam am Bahnhof an, ähm, dann bin ich zum Informationsschalter, weißt du, ich wollte ja wissen, wo mein

Hotel ist, ich hatte ja keine genaue Ahnung, wo das ist, und der Mann am Schalter, das war ein ganz netter, der sagte mir dann, wo mein Hotel ist ..."

Horchen Sie in sich hinein. Wie ergeht es Ihnen bei diesen Sätzen? Diese verworrenen Darstellungen sind bei Berichten weit verbreitet. Sie zeigen, wie es im Inneren eines Menschen aussieht.

Bei Berichten höre ich auch vielfach Satzbrüche. Auch sie sprechen ihre eigene Sprache und haben eine entsprechende Wirkung auf den Sprecher selbst und auf sein Umfeld. Hier kann das obige Beispiel so klingen: „Ich kam am Bahnhof an. Dann ging ich zum Informationspunkt, weil, ähm. Ich wusste ja nicht, wo mein Hotel ist. Also habe ich dort gefragt und, ja, die waren dort ganz nett und danach wusste ich, wo ich hin muss."

Machen Sie bitte auch hier eine Wortprobe: „Ich kam am Bahnhof an. Dann ging ich zum Informationspunkt, weil, ähm. Ich wusste ja nicht, wo mein Hotel ist. Also habe ich dort gefragt und, ja, die waren dort ganz nett und danach wusste ich, wo ich hin muss. – Ich kam am Bahnhof an. Dann ging ich zum Informationspunkt, weil, ähm. Ich wusste ja nicht, wo mein Hotel ist. Also habe ich dort gefragt und, ja, die waren dort ganz nett und danach wusste ich, wo ich hin muss."

Wie empfinden Sie die Wirkung dieser Sätze mit den Satzbrüchen? Welches Empfinden lösen sie in Ihnen aus?

Eine weitere gängige Variante bei Berichten ist das weitgehende Weglassen des Subjekts, vor allem des ‚ich'. Diese Art von Sätzen höre ich bei Frauen weit häufiger als bei Männern. Sie gebrauchen oftmals nur im ersten Satz das ‚ich' und lassen es dann im Folgenden weg. So bleiben sie selbst in ihrem eigenen Denken und Sprechen auf der Strecke.

In den Ohren vieler Menschen klingen diese Sätze erschreckend normal und gebräuchlich. Und doch spricht diese Art von Satzbau ebenso wie die in den anderen Berichten der völlig gleichen Begebenheiten eine eigene Sprache. Und sie haben jeweils eine eigene, charakteristische Wirkung auf den Sprecher und sein Umfeld.

Sind Sie nochmals bereit für eine Wortprobe? Dann lesen Sie die beiden folgenden Sätze bitte auch jeweils zweimal halblaut und horchen Sie in sich hinein: „Ich kam am Bahnhof an. Ging dann zum Informationspunkt und fragte dort den Service-Mitarbeiter nach dem Weg zu meinem Hotel. – Ich kam am Bahnhof an. Ging dann zum Informationspunkt und fragte dort den Service-Mitarbeiter nach dem Weg zu meinem Hotel." Merken Sie, ab wann das ‚ich' fehlt?

Hallo Satzmelodie, was machst du?

Nicht nur der Satzbau, auch die Satzmelodie ist von Interesse. Die deutsche Sprache unterscheidet zwischen Fragesatz, Aussagesatz und Aufforderungssatz. Im Bericht hat in erster Linie der Aussagesatz seinen Platz. Bei ihm steht am Satzende ein Punkt. Hier senkt sich die Stimme. Ein großer Teil der Menschen bleibt bei jedem Satzende mit der Stimme oben, bis ihnen nach einigen Sätzen die Luft ausgeht und sie dann die Stimme kurz absenken. Die meisten Sätze bleiben darum ganz wörtlich in der Schwebe.

Das klingt dann so: „Ich kam am Bahnhof an ***. Dann ging ich zum Informationspunkt ***. Dort fragte ich den Service-Mitarbeiter nach dem Weg zu meinem Hotel ***..." Sicher kennen Sie solche Sätze. Sie klingen, als ob noch ein

Nebensatz folgen würde. Das tut er jedoch im Allgemeinen nicht. Stattdessen folgt der nächste Satz. Er beginnt wieder unten und bleibt am Ende wieder in der Luft hängen. Das geht immer so weiter. Diese Sprecher machen erst nach mehreren Sätzen einen Punkt und senken die Stimme. Auch im Leben kommen sie kaum zur Ruhe. Das laden sie damit ein.

Ich greife nun nochmals die schlichten, kurzen Bogensätze von vorhin auf und wiederhole sie: „Ich kam am Bahnhof an. – Dann ging ich zum Informationspunkt. – Dort fragte ich den Service-Mitarbeiter nach dem Weg zu meinem Hotel." Hier geht die Stimme nach jedem Satz nach unten. Zwischen den Sätzen sind minimale Pausen. Wie wirkt dieser Bericht jetzt auf Sie?

Nach den so weit verbreiteten Varianten von wenig strukturierten Bandwurmsätzen, abgebrochenen oder halbfertigen Sätzen sind diese Sätze wohltuend klar und einfach. Sie geben eine deutliche Botschaft, und der oder die Angesprochene wird gern hinhören und die Botschaft aufnehmen. So erleichtern sie die Kommunikation im privaten und beruflichen Alltag.

Gleichzeitig haben sie eine ordnende und klärende Wirkung auf den Sprecher selbst. Mit LINGVA ETERNA® machen wir diese Wirkung bewusst und setzen sie gezielt ein. Der Sprecher gibt mit seiner Art zu sprechen das Signal, dass bei ihm alle Handlungen einen Anfang, eine Mitte und ein Ende haben und dass er Dinge zu Ende bringt. Erst nach einem Innehalten beginnt er mit der neuen Handlung. So hat er alle Kraft und Aufmerksamkeit dort, wo im Moment sein Augenmerk liegt. Menschen, die am Ende eines Satzes einen hörbaren Punkt machen, kommen auch in ihrem Leben auf den Punkt. Sie sind bodenständig und realistisch und bekommen auch im übertragenen Sinn die Füße auf den Boden.

Diese vollständigen, klaren und zielorientierten Bogen-Sätze sind beim Großteil der Bevölkerung selten. Glücklicherweise kann jeder Mann und jede Frau und auch jedes Kind lernen, solche Sätze zu bilden. Diese gezielte Korrektur der persönlichen Sprache nach den Regeln von LINGVA ETERNA® hat immer eine weitreichende und heilsame Wirkung auf das Leben des Sprechers. Heile Sätze haben eine heilsame Wirkung. Mit ihnen kommt immer etwas in Ordnung.

Peter bekam in der Konferenz einen Schweißausbruch

Peter war glücklich und stolz, dass er inzwischen fast immer vollständige Sätze bildete. Er bemerkte zur selben Zeit, wie sich in seinem Leben so manches wohltuend ordnete, wofür er vorher keine Lösung gefunden hatte. Nun lenkte er sein Augenmerk auf die Satzmelodie. Es gelang ihm mit einem kleinen Trick, am Satzende die Stimme zu senken. Beim Üben sagte er am Ende eines Satzes einfach ‚Punkt'. So erinnerte er sich selbst daran.

Eines Morgens fuhr er wie jeden Tag mit dem Auto zur Arbeit. An diesem Tag hatte er eine knifflige Konferenz vor sich. Er war angespannt und wusste nicht, wie er dem Chef seine Position klar machen konnte. Er wollte sich beruhigen und bemerkte, dass er mit den kurzen Sätzen und dem ‚Punkt'-Üben zur Ruhe kam. Er sagte beim Fahren: „Vor mir fährt ein Porsche. Punkt. Die Ampel schaltet auf Rot. Punkt. Ich bremse. Punkt. Ich sehe eine Kastanie am Straßenrand. Punkt."

So kam er am Parkplatz seiner Firma an, stellte das Auto ab und ging in sein Büro. Da redete er ganz normal weiter. Er bemerkte voller Freude, dass er seine Satzmelodie recht gut am Satzende absenken konnte.

Und dann kam die Konferenz. Er nahm seinen Platz ein. Endlich kam er an die Reihe. Er erhob seine Stimme und hörte sich sagen: „Der Vertrag ist so nicht haltbar. PUNKT." Vor lauter Schreck schwieg er. Er bekam einen Schweißausbruch und wurde kreidebleich. Da sagte sein Chef: „Herr Schmitt hat Recht. Dem ist nichts hinzuzufügen." Dabei blieb es.

Peter hat mit seinem ‚Punkt' mehr erreicht, als er es in langen Argumentationsketten hätte bewirken können. Und sein Ansehen war mit seiner eindeutigen, klaren Aussage deutlich gestiegen.

15. LINGVA ETERNA®-Übung

Achten Sie bei alltäglichen Berichten und Darstellungen auf vollständige Sätze und die entsprechende Satzmelodie. Senken Sie am Ende Ihrer Aussagesätze die Stimme. Machen Sie dabei in Gedanken einen Punkt und dann eine minimale Pause. Fügen Sie erst nach dieser minimalen Pause den nächsten Satz an.

Machen Sie es sich leicht: Bilden Sie kurze Sätze ohne Nebensätze. Vielleicht kommen Sie sich am Anfang vor wie ein kleines Kind.

Gönnen Sie sich dafür täglich zwei- oder dreimal jeweils zehn Minuten. Sie werden eine Wirkung haben. Ansonsten reden Sie, wie Sie es bislang immer gemacht haben, solange Sie das so wollen.

Seien Sie geduldig mit sich. Mit dieser Korrektur leiten Sie eine sanfte und gleichzeitig kraftvolle Kurskorrektur Ihres Lebens ein: Sie erlauben sich damit Glück, Erfüllung und eine erheblich gesteigerte Wirkungskraft.

Wie danken Sie für ein Geschenk?

Das Auswählen eines geeigneten Geschenks kann dem Schenkenden große Freude bereiten. Er schaut sich um und wählt, was dem oder der zu Beschenkenden Freude bereiten wird. Vielleicht kauft er es oder gestaltet es selbst. Dann wickelt er es ein und freut sich auf den Augenblick, in dem er das Geschenk überreichen wird. Endlich kommt der Moment, in dem der Schenkende sein Geschenk überreicht und der oder die Beschenkte sich gleich bedanken wird. Hier gibt es einige merkwürdige Formulierungen.

Ich stelle mir vor, dass Sie Ihre Nachbarn zu einem runden Geburtstag eingeladen haben und ein Nachbar nach dem anderen kommt. Sie alle wissen, dass Sie gern gärtnern, und bringen Ihnen ein entsprechendes Geschenk mit. Sie erhalten von ihnen wunderbare Blumen und Blumenschalen für Ihren Garten.

Sie können Ihren Nachbarn jetzt auf verschiedene Weise danken. Eine übliche Formulierung ist: „Oh danke! Das wäre wirklich nicht nötig gewesen! Das ist furchtbar nett! Kommt herein!" Lesen Sie diesen Dank bitte zweimal halblaut und lassen Sie ihn sich auf der Zunge zergehen: „Oh danke! Das wäre wirklich nicht nötig gewesen! Das ist furchtbar nett! Kommt herein!" Wie schmecken diese Sätze? Wie klingen sie nach?

Diese als Dank gemeinten Sätze werten das Geschenk ab: Das Geschenk wäre nicht nötig gewesen. Des Weiteren irritiert das Wort ‚nötig' mitten in dem Dank: ‚Nötig' kommt von ‚Not'. Die Äußerung, dass das Geschenk ‚furchtbar nett' ist, irritiert ebenso. Der Angesprochene hört erst ‚das ist furchtbar'; das ‚nett' kommt glücklicherweise hinten nach. Diese Wörter gehören offensichtlich zu dem spontanen Wortschatz des Beschenkten. Mit dieser Ausdrucksweise bringt er zum Ausdruck, was in ihm ist. Gleichzeitig hält er mit diesen Formulierungen seine tiefsitzenden Prägungen und Denkstrukturen aufrecht.

Eine andere Möglichkeit für den Dank ist die Folgende: „Oh, das ist ein großes Geschenk! Da haben Sie sich in Unkosten gestürzt!" Ich lade Sie auch hier zu einer Satzprobe ein. Wie klingt dieser Dank in Ihren Ohren und welche Empfindung löst er bei Ihnen aus?

Dieser Dank klingt eigentümlich. Er benennt in erster Linie Unkosten und danach gleich einen Sturz. Hoffentlich war der Sturz nicht zu tief. Diese Formulierung lässt ahnen, dass der Beschenkte das Geschenk nicht wirklich annehmen kann oder will und es möglicherweise als unmäßig empfindet. Dies ist für den Schenkenden eine schwierige

Situation. Ihm ging es bei der Auswahl des Geschenks hoffentlich um den Beschenkten und die Auswahl des für ihn geeigneten Geschenks und nicht um die Kosten, die er dabei investiert hat. Hoffentlich kann er damit umgehen, dass der Beschenkte sich bei ihm mit diesem Satz bedankt. Er hält ihn vermutlich für höflich. Und dem Beschenkten wünsche ich, dass er sich die Signale bewusst macht, die er dem Schenkenden gibt und die gleichzeitig eine nachteilige Wirkung auf sein eigenes Leben haben.

Manche Menschen sagen ‚danke' für ein Geschenk und fragen den Schenkenden im nächsten Atemzug, wie sie sich dafür „revanchieren" können. Revanche steht im Raum. Rache ist süß. Sie wollen für das Geschenk einen Ausgleich schaffen und fragen, wie sie dies tun können.

Nun, in einem Punkt haben sie Recht: Das Geschenk bedarf eines Ausgleichs. Geben und Nehmen gehören zusammen. Die Antwort ist einfach: Der von Herzen kommende Dank schafft den Ausgleich.

Bei den oben genannten Formulierungen erreicht der Dank den Schenkenden nicht, nicht wirklich. Er wirkt nicht. Ganz einfach ist der direkte Dank: „Ich danke dir!", „Hab' vielen Dank!" Oder: „Dankeschön!" Wählen Sie eine Form, die Sie bisher nicht oder nur kaum gebraucht. Dann spüren Sie den Dank intensiver, als wenn Sie eine für Sie übliche Formulierung gebrauchen. Sie könnte leicht zur viel gebrauchten Floskel werden.

Jedes Mal, wenn Sie ‚Danke!' sagen und den Dank von ganzem Herzen in jeder Zelle Ihres Körpers fühlen, laden Sie neue Situationen in Ihr Leben ein, in denen Sie allen Grund haben werden, wieder Dank zu empfinden. Gönnen Sie sich die Zeit, beim Annehmen des Geschenks wirklich Dank zu empfinden und ihn zu fühlen. Das dauert einen Augen-Blick länger, als nur kurz wohlerzogen ‚danke' zu sagen. Dieser Dank wird den Beschenkten erreichen. Er wird der Ausgleich sein für das Geschenk.

Manche Menschen schauen auf das Geschenk und sagen dann ‚Danke!' Wie machen Sie es? Wo schauen Sie hin? Bitte schauen Sie als erstes den Schenkenden an und nehmen mit ihm Blickkontakt auf. Bedanken Sie sich bei ihm dafür, dass er zu Ihnen kommt und dass er Sie beschenkt. Schauen Sie erst danach auf das Geschenk. Zeigen Sie Ihre Freude und nehmen Sie das Geschenk dankbar an.

Während Sie sich bedanken, geschieht etwas Wundervolles. Ich mag Sie auf das Wort aufmerksam machen und auf seine tiefe Bedeutung. Sie be-danken sich und häufen Dank auf sich. Das heißt: Sie tun sich etwas Gutes. Dank öffnet Türen – auch Türen zu einem tiefen Glück.

Ich wünsche vielen unglücklichen, sehr kritisch eingestellten Menschen, dass sie das Be-Danken für sich finden oder wiederfinden. Die meisten von ihnen haben Übung darin, sich zu beschweren. So haben sie sich über die Jahre beschwert und haben mit der Zeit diverse Beschwerden. Nun darf ihr Leben leicht oder wieder leicht werden. Die echt empfundene Dankbarkeit bringt die Leichtigkeit. Sie ist eine Lebenseinstellung und jeder und jede kann sie lernen.

Der Dank bei großen und kleinen Geschenken ist ein gutes Übungsfeld auf diesem Weg.

16. LINGVA ETERNA®-Übung

 Üben Sie sich darin, Dankbarkeit zu entwickeln. Wie bedanken Sie sich bis jetzt für Geschenke? Wie mögen Sie sich beim nächsten Geschenk bedanken?

Machen Sie jede Woche einem Menschen in Ihrem Umfeld ein kleines Geschenk und geben Sie auch anderen Menschen Gelegenheit zum Danken. Seien Sie dankbar, wenn der- oder diejenige das Geschenk annimmt.

Beobachten Sie, was in Ihrem Leben geschieht, wenn Sie Ihre Aufmerksamkeit auf das Danken lenken.

Sprache und Lebensthemen

Mit LINGVA ETERNA® betrachten wir den individuellen Sprachgebrauch eines Menschen und machen Wechselwirkungen zwischen der Sprache eines Menschen und seinem Leben bewusst. In ihr kommen die Lebensthemen eines Menschen viel häufiger zur Sprache, als dies dem einzelnen bewusst ist. Scheinbar belanglose Floskeln und Standardredewendungen sind bei genauem Hinhören oftmals ebenso verwunderlich wie vielsagend. Gleichzeitig können diese Worte oder Redewendungen der goldene Schlüssel sein, mit dem sie ein bis dahin immer wiederkehrendes Muster ihres Lebens als sprachliches Muster erkennen und auf der sprachlichen Ebene wandeln und damit ausmustern können.

Der individuelle Sprachgebrauch gibt auf der sprachstrukturellen Ebene vielfältige Hinweise auf Zusammenhänge und Hintergründe von Verhaltensweisen und Lebensthemen. Mit diesem Blick gewinnen Wortschatz, Satzbau und Satzmelodie eine neue Bedeutung. Wir achten auf individuelle sprachliche Feinheiten und setzer gemäß den Regeln von LINGVA ETERNA® einzelne sprachliche Aspekte gezielt als Interventionen ein.

Das erste Mal waren mir diese Zusammenhänge und Wechselwirkungen schon Mitte der neunziger Jahre in dem Beratungsgespräch mit Frau Balthasar bewusst geworden. Sie hatte meinen Rat wegen ihrer Mutter erbeten. Dabei hatte sie mehrfach von Steinen, Brocken und Felsen gesprochen. So war ihre dahinter liegende Geschichte mit den Nierensteinen ans Licht gekommen. Nun hatte sie zwar keine Nierensteine mehr. Doch hatte sie nun Steine auf ihrem Lebensweg.

Noch mehr Ehrfurcht vor der Kraft der Sprache

Mit der Zeit und der Erfahrung sind mir tiefe Zusammenhänge von individueller Sprache und Lebensthemen bewusst geworden. Damit ist meine Ehrfurcht vor der Sprache und ihrer Kraft nochmals gewachsen. Ich hörte mit großem Interesse und innerer Anteilnahme, wie einzelne Menschen sprechen, und bemerkte mit einem heiligen Schaudern immer wieder neu eine Wechselwirkung zwischen der individuellen Sprache eines Menschen und seinem persönlichen Erleben.

Mir wurde immer klarer, dass Sprache Wirklichkeit schöpft und was dies im konkreten privaten und beruflichen Alltag für jeden einzelnen Menschen bedeutet. Ich begann, die tiefgründige Wahrheit des viel zitierten Satzes aus dem Johannesevangelium zu ahnen: Im Anfang war das Wort. Diese tiefgreifende Erkenntnis ließ mich das schritt- und wortweise entstehende Konzept LINGVA ETERNA®, die ewige Sprache, nennen.

Ich begann nun damit, einzelne gängige Lebenssituationen und Lebensthemen zu betrachten und dafür typische Aspekte der Sprache zusammenzutragen. Dabei betrachtete ich für einzelne Situationen und Fragestellungen den individuellen Gebrauch von Wortschatz, Grammatik, Satzbau und auch die individuelle Satzmelodie.

Daraus ist über die Jahre eine reiche und differenzierte Entsprechungslehre entstanden. Ich mag an dieser Stelle betonen, dass diese Entsprechungslehre differenziert ist und nicht einfach eins zu eins für alle Menschen gilt, die dieses oder jenes sagen. So einfach ist es nicht. Dafür ist die individuelle Sprache mit ihren individuellen Speicherungen viel zu komplex.

Ich war von Anfang an sicher, dass ein gewandeltes Sprechen auch das Denken beeinflusst und damit Einfluss auf die individuelle Wirklichkeit hat. Und genau so ist es: Jeder Mensch kann mit dem Wissen von LINGVA ETERNA® bei sich selbst beginnen und sich mit einem neuen Denken und Sprechen eine neue Wirklichkeit schaffen. Das ist eine gute Nachricht und ein großes Glück. Schöpfen Sie diese Möglichkeiten aus!

Bitte bleiben Sie dabei innerhalb der Grenzen Ihres Könnens! Wenn Sie auf Ihre eigene Sprache achten wollen, dann können Sie mit den bereits dargestellten Möglichkeiten von LINGVA ETERNA® vieles in Ihrer eigenen Sprache wandeln und ordnen. Bitte bleiben Sie bei Ihrer eigenen Sprache und Ihrem eigenen Sprachgebrauch! Sollten Sie allein damit nicht weiterkommen oder wollen Sie einfach gern Begleitung in Anspruch nehmen, so wenden Sie sich bitte an uns oder an einen dafür von uns ausgebildeten Dozenten. Nur so sind Sie sicher, dass Sie eine professionelle Begleitung im Sinne von LINGVA ETERNA® bekommen.

Widerstehen Sie bitte jeglicher Versuchung, den Sprachgebrauch anderer Menschen deuten oder ändern zu wollen. Erkennen Sie sich selbst, wandeln Sie Ihren eigenen Sprachgebrauch und erleben Sie die Wirkung!

Sie dürfen gern andere Menschen mit Ihrer Freude und mit Ihrer neuen, gewandelten Sprache als Vorbild anstecken!

Nach diesen warnenden Hinweisen führe ich Sie in das aufregende und interessante Kapitel von Sprache und Lebensthemen.

Lassen Sie die Hetze bewusst hinter sich

Das Wort ‚hetzen' kommt von ‚hassen'. Jemand, der gut mit sich und seinen Mitmenschen umgeht, hetzt sich nicht und auch nicht andere.

Menschen, die sich hetzen oder glauben, sich hetzen zu müssen, haben einen ganz spezifischen Wortschatz oder sagen wir lieber: Sprachgebrauch. Das Wort ‚Wortschatz' ist für ihre Ausdrucksweise meist wenig geeignet.

Die Wörter ‚schnell', ‚schnell mal' oder gar ‚schnell mal eben' gehören fest in ihren Grundwortschatz. Sie gehen ‚schnell mal' zum Einkaufen, hängen ‚schnell' die Wäsche auf, fahren ‚schnell' heim und bringen dann vielleicht ‚schnell' die Kinder ins Bett. Diese nehmen diese schnelle Prozedur nur nicht immer gern hin und haben lieber ein gemütliches Zubettgehen in Muße. Sie bringen dann manchmal durch Trödeln eine Entschleunigung in das gehetzte Tun. Traurigerweise endet diese Form der Entschleunigung dann oft mit dem Schimpfen der Eltern und dem Weinen der Kinder.

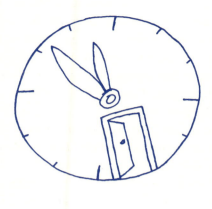

Auch im Berufsleben meinen Menschen oft, dass alles immer schnell gehen müsse. Sie machen alles schnell. Sie gehen schnell auf die Toilette, gehen schnell ins Sekretariat usw. ‚Schnell' ist in der Sprache vieler Menschen ein Füllwort geworden. Es bedeutet nicht wirklich etwas. Und doch sagt es viel und bewirkt viel. Ich mag diesen Sprachgebrauch und seine Wirkung aus dem Blickwinkel von LINGVA ETERNA® beleuchten.

Wer oft ‚schnell' sagt, gebraucht vielfach ein fast reflexartiges ‚muss': Er oder sie muss noch schnell etwas tun. Menschen, die so sprechen, glauben und erleben wirklich, dass sie immerfort ‚schnell müssen'. Die Wörter ‚schnell' und ‚müssen' prägen ihr Denken und Sprechen. Mit ihnen schaffen sie sich beständig eine neue Wirklichkeit. Alles muss bei ihnen schnell gehen. Indem sie diese Wörter oft sagen und auch oft fühlen, schaffen sie sich ihre Welt und erhalten sie täglich neu aufrecht.

Zur Sprache der Gehetzten und Eiligen gehört auch das Wort ‚Stress'. Da haben die Menschen Stress wegen eines großen Auftrags, wegen des Jahresabschlusses und wegen zahlreicher anderer Gründe. Gehetzte Menschen finden immer wieder neue Anlässe, sich gestresst zu fühlen. Sie sagen ‚Stress' und ‚stressig' bei allen möglichen und unmöglichen Gelegenheiten. Wenn Sie sie in der Adventszeit fragen, wie es ihnen geht, dann werden Sie hören: „Wir haben Vorweihnachtsstress, wie jedes Jahr." Vor einer Feier werden sie sagen, dass sie Vorbereitungsstress und Einkaufsstress haben. Sie kennen und fühlen noch viele weitere Stresse, für die Nicht-Gehetzte gar keine Wörter kennen. Eine beliebte Standard-Antwort auf die Frage „Wie geht es dir?" heißt bei ihnen schlicht und ergreifend: „Danke für die Nachfrage. Stressig wie immer!"

So ist das Wort ‚Stress' bei Menschen mit dieser Denkweise selbst in ihren Smalltalk eingedrungen. Schade drum für die Sprecher, denn dieses Wort wirkt wie auch alle anderen Wörter immer. Es erzeugt immer weitere Gelegenheiten, in denen sie reichlich Gelegenheiten haben werden, wieder das Gleiche zu fühlen: Stress. Hoffentlich erkennen sie irgendwann, dass sie selbst die Urheber ihres ganzen Stresses sind. Es gibt noch etliche weitere Wörter und Redewendungen, die zur Sprache der Gehetzten gehören: flitzen, rennen, eilen, rasen, geschwind und andere. Diese Ausdrucksweisen sind ganz individuell und entsprechen den jeweils frühen Prägungen.

Eine weitere häufige Ausdrucksweise ist bei ihnen der Satz: „Ich habe keine Zeit." Wer dies oft sagt, generiert sich damit seinen Zeitmangel selbst. Jeder Mensch hat täglich 24 Stunden. Was der Einzelne daraus macht und wie er sie gestaltet, ist seine Sache.

Interessant ist auch der individuelle Gebrauch des Wortes ‚Zeit'. Diejenigen, die die Zeit nicht haben oder die mei-

nen, dass sie sie nicht haben, gebrauchen das Wort ‚Zeit'
oft hauptsächlich in der Verneinung: Sie „haben keine Zeit".
Logischerweise haben sie daraufhin keine oder kaum Zeit.
Menschen, die einen anderen Umgang mit ihrer Zeit haben, sagen in den gleichen Momenten andere Sätze, beispielsweise: „Ich bekomme gerade Besuch. Darf ich dich
morgen anrufen?" Oder: „Lass uns einen anderen Tag finden, an dem wir beide Zeit haben."

Hier lässt sich noch vieles sagen. Eine umfassende Betrachtung ist beispielsweise der individuelle Gebrauch der grammatikalischen Zeiten in der individuellen Ausdrucksweise
wert. Diese haben nämlich einen großen Einfluss auf die
Gestaltung der Zeit im Alltag und auf das persönliche
Empfinden von Zeitmaß und Zeitqualität. Dieser Themen-
komplex spielt bei LINGVA ETERNA® eine bedeutsame
Rolle.

Der Rasen und das Rasen
können nah beieinander sein

Phillip sprach von seinem Haus und von seinem Garten.
Eine große Bedeutung hatte in seiner Erzählung der Rasen
und das andauernde Mähen dieses Rasens. Er regte sich
über das Moos auf, das den Rasen durchzog und das er
immer wegmachen musste. Er war ganz empört.
  Seine heftige Erregung wirkte auf mich übertrieben.
Das Wort ‚Rasen' klang in seinen Sätzen merkwürdig
fremd. In ihm schwang eine weitere Botschaft mit. Ich bat
ihn, das Wort ‚Rasen' nochmals zu sagen und es ein weiteres Mal zu wiederholen. Hier wurde deutlich, dass ‚Rasen' nicht nach dem grünen oder dem vermoosten Rasen

klang, sondern nach wildem, schnellen Rasen. Er lachte, als ich ihm dies sagte, und meinte: „Die andauernde Raserei in meinem Leben bringt mich manchmal zum Rasen." Hier hielt er inne und stutzte: „Da ist das Wort schon wieder. Ja, das Rasen regt mich auf, nicht der Rasen! Das ist schon seit Jahren mein Thema!"

Die Speicherung in dem Wort ‚Rasen' hatte ihm schier die Freude an seinem Garten vergällt. Mit LINGVA ETERNA® fand er einen Weg, sich und sein Leben zu entschleunigen und das Rasen zu beenden. Schon bald regten ihn der Rasen und das Moos nicht mehr auf. Er beschloss, eine Blumenwiese wachsen zu lassen und sich Mußestunden in seinem Garten zu gönnen.

Erlauben Sie sich Mußestunden?

Allen Eiligen mag ich das Wort ‚Muße' ans Herz legen. Dieses Wort ist selten geworden. Es lohnt sich, es abzustauben und ihm wieder seinen Platz im täglichen Sprachgebrauch zu geben. ‚Muße' hat dieselbe etymologische Herkunft wie das Maß und auch wie das Müssen. Von diesem Wortstamm ist im Wesentlichen das Wort ‚müssen' erhalten geblieben. Das ‚Maß' ist im allgemeinen Sprachgebrauch deutlich seltener als das ‚müssen'. Mit dem Wort ‚Maß' ist auch das rechte Maß vielfach verloren gegangen. Geblieben ist die Maß mit dem guten Bier. Sie kommt vom gleichen Wortstamm.

Muße ist nur möglich im angemessenen Wechsel von Arbeit und Ruhe. Mußestunden waren und sind erholsame und erfrischende Stunden zwischen denen der Arbeit. Ich lade Sie ein zu einer Wortprobe. Wenn Sie mögen, dann lesen Sie das Wort ‚Muße' und dann das Wort ‚Mußestunden' langsam und halblaut. Sprechen Sie dabei das ‚U' bewusst als ein langes, geschlossenes ‚U' wie in dem Wort ‚Fuß'. Wie empfinden Sie diese beiden Wörter? Welche Empfindungen lösen sie in Ihnen aus?

17. LINGVA ETERNA®-Übung

Achten Sie eine Woche lang darauf, ob und wann Sie die Wörter ‚schnell' und ‚müssen' hören. Sagen Sie sie auch selber?

Schreiben Sie zehn Sätze aus Ihrem Sprachgebrauch auf, in denen Sie ‚muss schnell' oder ‚müssen schnell' selber sagen. Finden Sie Alternativen für diese Sätze!

Beginnen Sie in der kommenden Woche damit, einen Teil der gewohnten Sätze bewusst neu zu formulieren. Konzentrieren Sie sich insgesamt vier Wochen lang auf diese Übung.

Nehmen Sie von Anfang an parallel das Wort Muße in Ihren Sprachgebrauch auf. Finden Sie einige Sätze, in denen dieses Wort für Sie stimmt und Sie es mit gutem Gefühl sagen können. Gebrauchen Sie das Wort aktiv!

Beobachten Sie, welche Wirkung diese gezielte Änderung Ihres Wortschatzes auf Ihr Leben hat.

Gewalt in der Alltagssprache erkennen und wandeln

Gewalt ist weit verbreitet. Sie reicht von Gewalt und Aggression im eigenen privaten oder beruflichen Umfeld bis zu den weltweiten Aggressionen in Form von Terroranschlägen und Kriegen. Aggression kann sich auch im eigenen Körper zeigen in Form von autoimmunaggressiven Erkrankungen. Die Spirale der Gewalt dreht sich weiter.

Viele Menschen leiden an der Gewalt und unter der Gewalt und hoffen darauf, dass die Gewalt irgendwann ein Ende nimmt. Sie sehen sich dieser wachsenden Gewalt und Bedrohung oftmals hilflos ausgeliefert. Auch hier setzen wir LINGVA ETERNA® auf der sprachstrukturellen Ebene an. Wir sensibilisieren Sie für die Gewalt in der Alltagssprache. Diese spiegelt sich im Wortschatz ebenso wider wie in der Grammatik.

Sie werden vieles entdecken, was Sie bislang vielleicht einfach überhört oder unbewusst ausgeblendet haben. Bei genauem Hinhören können so manche Bemerkungen den Hörenden zum Schaudern bringen: Da würgt jemand seinen Gesprächspartner mit freundlicher Stimme am Telefon ab, Eltern hauen am Morgen ihre Kinder aus dem Bett, wieder jemand anderes könnte seinem Kollegen eins reinwürgen, in Firmen müssen manchmal Köpfe rollen, im Büro herrscht bei manchen Menschen der Terror, nur weil das Telefon wiederholt klingelt und Kunden anrufen.

Es gibt hunderte von Ausdrücken dieser Art. Ich bin sicher, dass Ihnen die Mords-Gaudi vergehen wird, wenn Sie sich die allgemein übliche, grausame und gewaltreiche Sprache und ihre Wirkung bewusst machen und die Wirklichkeit, die daraus entsteht.

Sprache schafft Wirklichkeit. Sprache kann auch Wirklichkeit wandeln. Sie selbst können damit bei sich selbst beginnen und Ihre eigene Sprache nach den Prinzipien von LINGVA ETERNA® wandeln. Dies wird eine Auswirkung auf Ihr Leben haben und auch auf Ihr Umfeld. So kann jeder Mensch allein durch seinen Sprachgebrauch einen Beitrag für eine friedliche Entwicklung erbringen.

Stellen Sie sich vor, dass Sie noch heute ein Projekt angehen und nicht mehr in Angriff nehmen. Fühlen Sie beim Vorbereiten und auch beim Tun die unterschiedliche Qualität der beiden Wörter und auch die Qualität der Art und Weise Ihres Tuns. Dies wird eine spürbare Auswirkung auf Ihr Leben haben.

Das Vokabular der Alltagssprache enthält in vielen Bereichen Gewalt und Aggression. Dies ist den meisten Sprechern und auch Hörern nicht bewusst. Sie kennen die Sprache so, wie sie üblicherweise ist, und denken sich nichts dabei. Sie kennen die alltäglichen Ratschläge und auch die vielen gut gemeinten Vorschläge. Die Schläge erreichen wohl das Unbewusste. Auf der bewussten Ebene weiß freilich jeder, dass der Gesprächspartner den anderen nicht schlagen will, auch wenn er das Wort ‚Schläge' gebraucht. Erst im Nebeneinander der Möglichkeiten erkennen und spüren sie, dass sie Empfehlungen und Anregungen wesentlich lieber annehmen als Vorschläge.

Ein Kursteilnehmer war nach eigenen Aussagen ein engagierter Verfechter der gewaltfreien Kommunikation und lebt danach und damit. Bei einem LINGVA ETERNA®-Seminar entdeckte er mit Staunen, wie viel aggressives Vokabular er in seiner persönlichen Sprache hatte. Er sagte mit einem Strahlen in den Augen: „Mir wird schlagartig einiges klar. Viele aggressive und allgemein übliche Redewendungen schießen mir durch den Kopf!" Durch die Reaktion anderer Kursteilnehmer wurde er aufmerksam auf seine Ausdrucksweise. Dann bemerkte er, was er gesagt hatte. Er sagte nur: „Oh!" und schwieg dann andächtig. Ihm hatte sich eine für ihn neue Dimension der Sprache offenbart.

Sandras Mutter hatte viel ‚Schlagen' in ihrer Sprache

Wer viel Aggression in der Sprache hat, der erzeugt damit neue Aggression. Dies erlebte Sonja Bauer in der eigenen Familie.

Sie war wegen ihrer siebenjährigen Tochter Sandra für eine Beratung zu mir gekommen. Ihre Tochter schlug in der Schule auf dem Pausenhof ohne ersichtlichen Grund andere Kinder und war davon durch nichts abzubringen. Schon im Kindergarten hatten die Erzieherinnen sie als aggressiv geschildert. Sonja Bauer war verzweifelt. Daheim erlebte sie ihre Tochter als zärtlich und liebesbedürftig, solange keine anderen Kinder da waren. Sie war das einzige Kind.

Sonja Bauer begann ihre Darstellung so: „Ich komme wegen meiner Tochter Sandra zu Ihnen. Sie schlägt auf dem Pausenhof andere Kinder und ist durch nichts davon abzubringen. Ich habe gehört, dass Sie in dieser Thematik beschlagen sind und auch, dass Sie einen völlig neuartigen Ansatz entwickelt haben. Ich wünsche mir von Ihnen Ratschläge und Vorschläge zu meiner Situation. Sagen Sie mir bitte ehrlich, was Sie mir sagen können. Ich bin gerüstet für alles. Übrigens sehe ich auch die Möglichkeit eines Schulwechsels. Ich habe die Montessori-Schule im Visier."

Bis hierher hatte ich von Sonja Bauer schon mehrfach das Wort ‚Schlagen' gehört. Ich wusste auch, dass sie gerüstet war und eine Schule im Visier hatte. Das klang für mich nach mittelalterlichem Schlachtfeld. Im Folgenden gebrauchte sie etliche weitere Wörter aus dem Wortfeld des Schlagens und Kämpfens.

Als erstes fragte ich sie, welche therapeutischen Wege sie bereits mit ihrer Tochter beschritten habe und sprach sie auch gezielt auf Ergotherapie an. Erst danach griff ich die sprachlichen Aspekte auf. Dies nahm etliche Zeit in Anspruch. Ich fragte sie, was sie selbst vom Schlagen halte und ob sie das Wort ‚Schlagen' und Wörter aus diesem Bereich sage. An dieser Stelle hätte sie mich am liebsten mit ihren Blicken durchbohrt und bestand darauf, dass sie Friedenskämpferin sei. Ich fragte sie dann, wie jemand ernsthaft für Frieden kämpfen könne. Das eine widerspreche doch dem anderen.

Dann zeigte ich ihr anhand von Beispielen, welche Wörter das Wort ‚schlagen' beinhalten wie der ‚Vorschlag', der ‚Ratschlag' und ‚beschlagen sein' und lud sie zu Wortproben ein. Nun machte sie voller Engagement mit und war ganz dabei. Wir sammelten miteinander mehr als eine volle Seite von Wörtern aus diesem Bereich und fanden

Alternativen, die sie von nun an stattdessen sagen konnte. Mit ihnen fühlte sie sich wohl und konnte gleichzeitig ganz bewusst das Schlagen hinter sich lassen.

Auf einmal weinte sie und sagte dann in einer tiefen Erkenntnis: „Ich gebrauche diese Wörter mit ‚schlagen' ganz viel. Ich glaube, meine Tochter macht nur, was ich die ganze Zeit sage. Mich hat all die Jahre noch nie jemand auf meine Sprache hingewiesen. Das haut mich jetzt richtig um!" Hier lächelte ich sie an und sagte ihr, dass auch der letzte Satz zu der bereits begonnenen Liste von Wörtern aus dem Bereich des Schlagens gehört.

In den kommenden Wochen wollte sie ihren Wortschatz in neue Bahnen lenken. Dafür bat ich sie um Geduld mit sich selbst. Sie wollte ihre Tochter bitten, ihr dabei zu helfen und sie auf ihre Wörter aufmerksam zu machen, mit denen sie bislang verbal um sich schlug.

Ich war sicher, dass ihr Sprachgebrauch seine Gründe hatte, und ich fragte sie. Dabei kam heraus, dass Sonja Bauer von ihrem Vater viele Schläge bekommen hatte und ein geprügeltes Kind gewesen war. Sie hatte sich geschworen, ihr Kind nie zu schlagen. Jedoch lebte die Energie des Schlagens weiter. Die Mutter gebrauchte entsprechende Wörter in ihrer Sprache. Und die Enkeltochter lernte sie von ihr und gab die Schläge an die Mitschüler weiter, die ihr Opa ihrer Mutter gegeben hatte.

Sonja Bauer konnte diese Spirale der Gewalt mit LINGVA ETERNA® beenden. Sie wandelte gezielt ihre Sprache und konnte mit einer Würdigungsarbeit ihren Vater annehmen. Ihre Tochter war bereit und eifrig dabei, ihre Mutter auf aggressiven Wortschatz aufmerksam zu machen und achtete auch auf ihre eigene Sprache. Sie hatte dafür ein feines Empfinden bekommen. Mutter und Tochter kamen daraufhin beide zur Ruhe und auch der Vater war erleichtert und freute sich.

In der Schule hörten sie schon nach wenigen Wochen, dass die Situation sich deutlich beruhige und Sandra einen gute Stand in der Klasse habe. Gott sei Dank!

Krieg und kriegen in der Alltagssprache

Wir erfahren das große Geschenk und die große Gnade, in Deutschland schon über sechzig Jahre Frieden zu haben. Es ist an der Zeit, den Krieg und seine vielfältigen Auswirkungen aus alltäglichen, unbedachten Redewendungen zu nehmen. Davon gibt es zahlreiche, die im allgemeinen Sprachgebrauch üblich geworden sind und bei denen die wahre Bedeutung in Vergessenheit geraten ist. Dennoch haben sie eine Wirkung und schaffen Wirklichkeit.

Ich nenne einige davon und stelle sie in einen realistischen und alltäglichen Kontext. Ich beginne den kriegerischen Reigen mit dem Wort ‚kriegen'.

Hebammen freuen sich

Das Wort ‚kriegen' leitet sich von dem Substantiv ‚Krieg' ab: Menschen kriegen Geschenke, Kinder, neue Kollegen usw. Das Wort ist alltäglicher Grundwortschatz für die allermeisten Menschen deutscher Muttersprache. Kaum jemand macht sich deswegen Gedanken und spürt in das Wort hinein.

Ich lade Sie ein, eine Wortprobe mit dem Wort ‚kriegen' zu machen. Fühlen Sie, wie das Wort ‚kriegen' auf Sie wirkt.

Probieren Sie danach einen kurzen Satz mit ‚kriegen'. Sagen Sie zweimal: „Ich kriege ein Geschenk. – Ich kriege ein Geschenk." Horchen Sie in sich hinein. Wie klingt das Wort in Ihnen nach? Sagen Sie danach zweimal eine Alternative: „Ich bekomme ein Geschenk. – Ich bekomme ein Geschenk." Wie klingt dieser Satz in Ihnen nach? Empfinden Sie einen Unterschied? Welche der beiden Varianten ist Ihnen lieber?

Hebammen berichten, dass Geburten leichter gehen, wenn die Frauen ihre Kinder bekommen und nicht mehr kriegen. Das Kriegen ruft die Verteidigung auf den Plan und erzeugt Angst und Abwehr. Das Bekommen macht es den Frauen leicht, sich zu öffnen und das Kind kommen zu lassen. Hebammen, die dies entdeckt haben, freuen sich. Sie können mit diesem kleinen Hinweis den Gebärenden die Geburt erleichtern.

Das ist ein scharfes Geschütz!

Geschäftsleute stehen im Wirtschaftsleben an der Front. Sie besuchen Geschäftspartner und sind froh, wenn sie zentral gelegen sind und nicht ab vom Schuss. Bei kritischen Verhandlungen sind sie erleichtert, wenn sie aus der Schusslinie sind. Diese kriegerische Ausdrucksweise ist nicht auf das Wirtschaftsleben beschränkt. Wir finden Sie in allen Altersgruppen und in beinahe allen beruflichen und privaten Situationen. Dies zeigte eine Situation am Ende eines Kindergartenfestes. Mehrere Frauen waren beim Aufräumen, und nun ging es darum, die Bänke aus dem Garten wieder in den Turnraum zu bringen. Eine der Mütter wollte die Väter um Hilfe bitten und rief laut: „Männer an die Front!" Diese Ausdrucksweise gehörte dem Erleben nach der Generation ihrer Großeltern an. Die junge Frau wusste nicht, was sie sagte und welch bedenkliches sprachliches Vorbild sie damit für die Drei- bis Sechsjährigen war.

Die Kindergartenfeier hatte glücklicherweise bei Bombenwetter stattgefunden. Bombenwetter war das Wetter, bei dem die Bomber im Krieg flogen. Bei gutem Wetter hatten sie gute Sicht. Die Bomben haben auch an anderen Stellen noch einen festen Platz in der Sprache: Ein großes Verkehrsflugzeug ist in der Sprache mancher auch nach sechzig Jahren Frieden noch immer ein Bomber. In einem Zimmer oder auf einem Schreibtisch sieht es manchmal so aus, als ob eine Bombe eingeschlagen habe. Manche Vorgesetzte fahren scharfes Geschütz auf. Das Grauen der beiden Weltkriege schwingt in diesen Redewendungen noch immer mit. Es wirkt weiter und schafft immer wieder neue schreckliche Wirklichkeit.

Geben Sie bewusst Frieden!

Es gibt zig weitere Redewendungen dieser Art im allgemeinen Sprachgebrauch. Ich lade Sie ein, in Ihrem eigenen Alltag wach zu sein für diese Ausdrucksweisen. Sie können eine um die andere langsam und in dem Ihnen eigenen Tempo wandeln und neue Formulierungen finden, mit denen Sie sich wohl fühlen. Damit erbringen Sie einen bedeutsamen Beitrag, Frieden werden zu lassen. Es ist genug, wenn Sie dies an Ihrer Stelle tun, welche Funktion und Tätigkeit Sie auch immer haben. Sie werden mehr eigenen Frieden spüren und damit auch Ihrem Umfeld friedvolle Signale geben.

Jeder Mensch kann jederzeit an seiner Stelle Frieden geben. Es lohnt sich, die Formulierung „ich gebe Frieden" mit neuen Ohren zu hören und sie in einem neuen Bewusstsein zu sagen: Die Redewendung ‚Frieden geben' beschreibt eine Handlung. Dabei strecken Sie die Hand aus und reichen sie zum Frieden.

Frieden geben ist eine edle Handlung. Dabei spielt es keine Rolle, ob der Angesprochene die Hand annimmt. Der Frieden, den ein Mensch von Herzen gibt, wird immer reichlich zu ihm zurückkommen. Vielleicht wird er ihn von einem anderen Menschen bekommen, als er sich dies im Augenblick erhofft. Er wird ihn bekommen. Und dies wird letztlich zu seinem Segen sein.

Bei vielen Menschen klingt die Aufforderung „Gib Frieden!" wie ein Tadel und hat einen aggressiven Unterton. Sie dürfen sich bewusst machen, was sie da gerade sagen.

Anita berichtete von segensreichen Entwicklungen bei sich und in ihrer Familie. Sie hatte bewusst das Kriegen und weiteres Kriegsvokabular aus ihrer Sprache herausgenommen und dafür neue Formulierungen gefunden. Gleichzeitig hatte sie die Redewendung ‚Frieden geben' neu und mit einer neuen Bedeutung in ihre Sprache aufgenommen.

Sie spürte, wie sie gesundete. Ihre Haut kam zur Ruhe und die Allergien ließen nach. Auch in ihrem Umfeld wuchs der Frieden. In ihrer Familie setzten sich wieder Familienmitglieder an einen Tisch, die sich lange aus dem Weg gegangen waren. Und sie selbst konnte einen schon lange bestehenden Zwist mit einer Nachbarin beenden.

Ich bin immer wieder glücklich und dankbar, wenn ich solche Entwicklungen miterleben darf.

Übrigens finde ich es interessant und aufschlussreich, dass Schweizer in ihrer Sprache das Wort ‚kriegen' nicht kennen. Die Schweiz ist ein neutrales Land, und die Schweiz führt keine Kriege.

18. LINGVA ETERNA®-Übung

 Gebrauchen Sie einen kriegerischen Wortschatz? Wählen Sie bitte eine Situation aus Ihrem privaten oder beruflichen Alltag, in dem Sie ein Wort oder eine Redewendung aus dem kriegerischen Bereich gebrauchen. Finden Sie dafür bitte eine neue Formulierung. Integrieren Sie diese für vier Wochen in Ihre persönliche Sprache.

Beobachten Sie, welche Wirkung diese Änderung Ihres gewohnten Sprachgebrauchs auf sich und auf Ihr Umfeld hat.

Achten Sie bitte gleichzeitig auf das Wort ‚Frieden' in Ihrem Sprachgebrauch. Wann und in welchem Kontext sagen Sie es? Finden Sie bitte einige Sätze, in denen Sie die Worte ‚Frieden', ‚friedlich' und ‚friedvoll' oder andere Redewendungen mit Frieden in Ihrer Sprache bereits gebrauchen oder für vier Wochen gebrauchen mögen. Beobachten Sie, wie es Ihnen in dieser Zeit ergeht und was Sie dabei bemerken.

Wählen Sie nach diesen vier Wochen, welche Worte sie davon beibehalten werden.

Ich wünsche Ihnen weiterhin Humor und Gelassenheit. Lassen Sie bitte andere Menschen weiterhin so sprechen, wie sie es sonst auch getan haben. Machen Sie bitte auch keine Bemerkungen. Achten Sie nur auf Ihre eigene Sprache. Das ist Abenteuer genug!

Der Körper meldet sich zu Wort

Bei gesundheitlichen Beschwerden meldet sich der Körper. Manche Menschen sagen dann: Meine Hüfte oder mein Knie meldet sich wieder. Diese Redewendung ist gängig und will sagen, dass die Hüfte oder das Knie wieder wehtut. Es lohnt sich, auf diese Signale zu lauschen und sie ernst zu nehmen. Es ist klug und weise, auf den Körper zu achten und seine Signale wohlwollend aufzugreifen und sie nicht nur mit Medikamenten ‚niederzuknüppeln'. Dann muss der Körper eine neue Möglichkeit finden, sich zu melden und seine Botschaft kundzutun. Es ist dem Patienten zu wünschen, dass sein Arzt oder seine Ärztin ihm hier entsprechende weiterführende Hinweise gibt.

Körperliche Leiden finden vielfach ihre Entsprechungen auf der sprachlichen Ebene. Dies habe ich bereits am Beispiel der ehemaligen Nierenpatientin gezeigt.

Hören Sie auf, auf dem Zahnfleisch zu kriechen

Natürlich kann auch ein gesunder Mensch achtsam mit seinem persönlichen Sprachgebrauch sein und darauf achten, wie er sprachlich mit seinem Körper umgeht. Sein Körper wird ihm seinen achtsamen, liebevollen Umgang danken.

Auf Dauer wird er sich und seinem Gebiss schaden, wenn er abends ‚auf dem Zahnfleisch' kriecht. Ebenso wenig gesund ist es, wenn er bei Ärger sagt, dass er ‚jetzt so einen dicken Hals bekommt'. Mit solchen unbedachten Äußerungen schaffen sich Menschen Hals- und Schilddrüsenerkrankungen. Wenn er oft ‚die Nase voll hat', dann lädt er damit Schnupfen ein und wird auf diese Weise oft ganz wörtlich die Nase voll haben. Andere sagen häufig: „Ich krieg die Krise!" Auch diese wird bestimmt kommen.

Der allgemein übliche Sprachgebrauch ist voll von krankmachenden Äußerungen wie diesen. Die einzelnen Menschen haben dabei immer ihre persönlichen Favoriten. Sie sagen genau das Gleiche immer und immer wieder. Und irgendwann haben sie damit eine Wirkung, die sie nie wirklich bewusst gewollt haben. Und doch haben sie diese selbst herbeigeredet und gleichsam bestellt.

Daniela meldete sich eines Tages krank. Sie war mit starken Beschwerden zum Zahnarzt gegangen. Dieser hatte bei ihr eine akute Entzündung des Zahnfleisches diagnostiziert und auch einen Zahn ziehen müssen. Daniela blieb an diesem Tag daheim. Am nächsten Tag kam sie wieder und sagte: „Es geht mir soweit schon wieder ganz gut. Ich krieche noch etwas auf dem Zahnfleisch." Wie recht sie doch hatte. An einer Stelle hatte sie ja auch keinen Zahn mehr und das Zahnfleisch war blank. Doch hatte Daniela keinen

Scherz gemacht, auch wenn es vielleicht ein guter Scherz gewesen wäre.

Ihre Chefin hörte interessiert, was ihre Mitarbeiterin sagte, und fragte sie, ob sie ihr wegen ihrer Zahngeschichte etwas von LINGVA ETERNA® erzählen dürfe. Daniela war einverstanden. Ihr wurde in dem nun folgenden Gespräch klar, dass sie bis dahin oft sagte: „Den Zahn werden wir dem oder dem noch ziehen." Und auch: „Ich krieche auf dem Zahnfleisch." Sie erschrak und war gewillt, ihre anderen Zähne zu behalten. So wandelte sie ihre Ausdrucksweise. Danielas Zahngeschichte wurde für sie selbst und auch für ihre Kolleginnen eine einprägsame Erfahrung.

Sie dürfen sich wohl fühlen!

Erlauben Sie sich, sich rundherum wohl zu fühlen. Schaffen Sie die Voraussetzungen dafür, dass Ihnen dies möglich ist. Lenken Sie Ihre Aufmerksamkeit auf die Bereiche Ihres Lebens, in denen Sie sich wohl fühlen. Empfinden Sie dafür Dankbarkeit und fühlen Sie bewusst das Wohl, das Sie dabei fühlen. Schenken Sie diesen Bereichen bewusst Ihre liebevolle Aufmerksamkeit. So nähren und pflegen Sie Ihr Wohlergehen. Diese Blickrichtung lässt Sie nach vorn und zum Licht schauen.

Viele Menschen fühlen sich nicht. Sie haben den Kontakt zu ihren Gefühlen und zu ihrem Körper verloren. Sie fühlen sich nicht, nicht wirklich. Manchmal wirken sie wie abgeschnitten von sich selbst. Ihr Körper fordert dann ihre Aufmerksamkeit ein. Einschränkungen und Schmerzen lassen sie ihren Körper wieder spüren.

In diesen Augenblicken fühlen Sie sich so deutlich und klar, wie vielleicht schon lange nicht mehr. Und doch sagen sie genau dann, wenn sie sich fühlen: „Ich fühle mich schlecht!"

Auf die Frage: „Wie fühlen Sie sich?" antworten die meisten Menschen: „Gut!" Ich wünsche ihnen, dass sie sich wirklich fühlen und dass sie sich dabei gut fühlen. Viele Menschen fühlen sich nicht und müssten bei dieser Frage ehrlicherweise sagen: „Ich fühle mich gar nicht!"

Sie dürfen wieder lernen, ihre Gefühle, Bedürfnisse und ihren Körper wahrzunehmen und auf sie zu hören. Wer sich gut fühlt und achtsam auf sich selbst schaut, der fühlt sich auch gut.

Gehören die Wörter ‚Wohlfühlen', ‚Wohlergehen', ‚Wohlbefinden', ‚Wohlfühlatmosphäre' und andere Wörter mit ‚Wohl' schon in Ihren Sprachgebrauch? Ich lade Sie ein, diese Wörter in Ihre persönliche Sprache und damit in Ihr Denken zu integrieren. Sie können die heilsame Kraft durch eine bewusste Artikulation erheblich steigern.

Lassen Sie es sich wohl ergehen!

Vom Suchen und Finden

Das Suchen ist im allgemeinen Sprachgebrauch weit verbreitet. Zahlreiche Redewendungen und Wörter beinhalten das Wort ‚suchen'. Bei vielen von ihnen ist es den meisten Sprechern, Hörern und Lesern nicht bewusst, dass sie gerade das Wort ‚suchen' oder eine seiner Ableitungen gebrauchen. Und doch hat dies eine Auswirkung auf sie selbst und auf ihr Umfeld. Und es zeigt etwas von ihnen und ihrer Prägung. Beides ist bedeutsam.

Wer oft und oft ‚suchen' denkt und sagt, der sucht. Er wird sich mit der Zeit als Suchender fühlen und nicht als

Findender. Bei manchen Menschen wird das Suchen zur Chronik ihres Lebens. Sie sind immerfort auf der Suche und suchen und suchen. Das Suchen ist für sie ein beständiger Teil ihres Lebens geworden. Sie wären erstaunt, wenn sie auf einmal ankämen und auf das Suchen ein Finden folgen würde.

Bei ihnen haben das Wort ‚suchen' und seine Ableitungen einen festen Platz in der Sprache. Sie gebrauchen es immer wieder, meistens ohne sich dessen bewusst zu sein. Darin spiegelt sich ihr Suchen wider. Gleichzeitig reaktivieren sie mit ihrem Sprachgebrauch ihr Such-Muster und Erfahrungen mit Suchen, die sie bereits gemacht haben. So laden sie sich immer wieder neue Erfahrungen mit Suchen ein. Auf diese Weise werden sie nur mit größter Anstrengung oder gar nicht aus dem Suchen herauskommen.

Dieses Suchen kann zu einer Sucht werden. Es gibt vielerlei Süchte: die Nikotinsucht, den Alkoholismus, den Workoholismus, die Kritiksucht, die Prunksucht, die Gefallsucht, die Eifersucht und weitere Süchte. Auch das Suchen nach sich selbst kann zu einer Sucht werden. Manche Menschen bleiben dabei im Suchen hängen und finden den heiß ersehnten Schlüssel nicht, der ihnen das verschlossene Tor zu sich selbst und zum Mitmenschen öffnet.

Mit LINGVA ETERNA® machen wir auch hier die Wechselwirkung von gewohntem Sprachgebrauch und Lebensthema bewusst. Das Wort ‚suchen' wird hier zum Schlüssel und eröffnet den Weg zum Finden und Ankommen.

Ein Blick auf die Herkunft des Wortes macht seine ursprüngliche Bedeutung klar. Im Indogermanischen bedeutete es ‚witternd nachspüren', so wie es der Jagdhund macht, der eine Fährte aufnimmt. Auch das damit verwandte englische Wort ‚to seek', ‚suchen' bedeutete ursprünglich ‚suchend nachgehen, nachspüren'.

Ein Suchen mit einer klar definierten Aufgabe ist zielführend und damit erstrebenswert. Menschen, die klare Ziele haben und diese konsequent anstreben, nehmen eine Spur auf und gehen ihr nach. Sie sind gleichsam Jagdhunde, die eine Fährte aufnehmen und der Witterung folgen. Menschen mit dieser Handlungsweise sind nicht beständig auf der Suche. Sie erlauben sich auch das Finden. Das Wort ‚suchen' ist in ihrer Alltagssprache weit seltener als bei den chronisch Suchenden. Sie sprechen eher davon, wie sie eine Lösung in einer bestimmten Angelegenheit finden können, als dass sie eine Lösung suchen.

Bettina suchte eine neue Wohnung

Bettina hatte vor einigen Monaten eine neue Nachbarin bekommen. Sie war Musiklehrerin und spielte jeden Tag Klavier. Das störte Bettina erheblich, und so wollte sie ausziehen. Sie ärgerte sich, dass sie sich schon wieder auf die Suche nach einer neuen Wohnung machen musste. Erst vor zwei Jahren war sie aus einem ähnlichen Grund aus einer anderen Wohnung ausgezogen. Und dummerweise, so sagte sie, machte ihr Auto Schwierigkeiten. Sie wollte es verkaufen und ein neues kaufen. Da musste sie sich auch auf die Suche machen. So sagte sie es.

Das Suchen schien zu ihr zu gehören. Sie hatte viel Suchen in ihrer Sprache. Einige Formulierungen mit Suchen äußerte sie in unserem Gespräch bereits in den ersten drei Sätzen. Ich griff sie auf und machte sie darauf aufmerksam. Ich bat sie erst, das Wort ‚suchen' zweimal halblaut und langsam zu sagen und dabei in sich hineinzuhören. Sie sagte, ihrem Muster entsprechend: „Gut Ich versuch's." Dann begann sie mit der Wortprobe: „Suchen – suchen."

Nach dem dritten Mal atmete sie tief durch und fand es schrecklich. Es erinnerte sie an ihr fortwährendes Suchen. Ihr war klar, dass sie dieses Wort viele Male an einem Tag sagt, ja dass es zu ihrem Grundwortschatz gehört. Ich bat sie, mir drei Sätze zu nennen, die ihr spontan mit ‚suchen' in den Sinn kommen. Sie antwortete, auch hier ihrem Muster entsprechend: „Da brauche ich nicht lange zu suchen." Mein Ziel war, ihr diese Sätze bewusst zu machen und ihr dafür Alternativen für konkrete Situationen aus ihrem Leben anzubieten. So konnte sie diese in den entsprechenden Situationen gleich einsetzen.

Bettina spürte selbst, dass sie gerade mit LINGVA ETERNA® einen mächtigen und wirkungsvollen Schlüssel gefunden hatte, ihr Suchen zu beenden und sich endlich das Finden und Ankommen zu erlauben. Mit dem sprachlichen Muster konnte sie ein tiefsitzendes Handlungsmuster wandeln und so ihrem Leben eine heilsame Wende geben.

Mit großer Freude und großem Ernst machte sie sich daran, Sätze aus ihrem Sprachgebrauch zu finden, in denen das Wort ‚suchen' vorkam: „Bitte hilf mir, meinen Schlüssel zu suchen! Ich suche eine neue Wohnung. Ich suche ein Auto. Ich suche den Weg. Ich suche ... Ich suche dauernd!"

Ich bat sie, den ersten Satz zu wiederholen und ihn auf sich wirken zu lassen. Sie sagte: „Bitte hilf mir, meinen Schlüssel zu suchen! Bitte hilf mir, meinen Schlüssel zu suchen." Sie empfand ihn als normal und schaute mich fragend an. Sie konnte sich nicht vorstellen, wohin ich sie führen würde.

Dann fragte ich sie: „Wollen Sie, dass der andere Ihnen hilft, den Schlüssel zu suchen oder zu finden?" Sie stutzte: „Natürlich wünsche ich mir, dass er ihn findet." – „Dann können Sie ihn auch bitten: ‚Bitte hilf mir, meinen Schlüssel zu finden!'" Sie lachte und wiederholte diesen Satz zweimal. Sie lachte und lachte, bis ihr die Tränen aus den Augen rollten vor Lachen. „Das Wort ‚finden' ist für mich neu. Das ist ja so einfach!" Und sie lachte weiter und hielt sich den Bauch.

Sie erlebte eine Erlösung und fand Spaß an der ebenso neuen wie einfachen Formulierung. Sie wollte auch für die anderen Sätze eine neue Variante kennen lernen. Dann lud ich sie ein, den nächsten Satz zu wiederholen: „Ich suche eine neue Wohnung." Auch diesen Satz sagte sie zweimal und horchte in sich hinein. Da war wieder das Suchen. Sie probierte gleich die Variante mit dem Finden. Doch stimmte sie hier nicht. „Machen Sie es sich leicht. Bleiben Sie hier und sehen Sie sich nach einer neuen Wohnung um. Schauen Sie interessiert in alle Richtungen und sehen sich um. Die gute Lösung ist oftmals ganz nah." Dann lächelte ich sie an und ergänzte: „Seien Sie einfach umsichtig! ‚Umsehen' und ‚umsichtig' gehören zusammen. Sie haben die gleiche Wurzel."

Auf diese Weise betrachteten wir weitere Sätze aus ihrem konkreten privaten und beruflichen Alltag und fanden Alternativen. So hatte sie gleich einige Sätze für mehrere Situationen parat, die sie in den entsprechenden Situationen jeweils einsetzen konnte. Und damit hatte sie ein sprachliches Geländer an der Hand, mit dem sie das Muster des chronischen Suchens auf der sprachlichen Ebene ausmustern konnte. So begann sie, von Grund auf ihr Denk- und Lebensmuster des Suchens zu wandeln. Nun gab sie dem Finden und dem Ankommen auch in ihrem Leben Raum.

Danach betrachteten wir Zusammensetzungen mit dem Wort ‚suchen'. Auch hier wurden wir fündig. Bettina nickte bei jedem Wort, das ich ihr nannte. Sie meinte, dass ich ihr gerade ihren gesammelten Wortschatz nenne: etwas versuchen, jemanden besuchen, jemanden aufsuchen, etwas absuchen, etwas aussuchen, eine Untersuchung, das Weite suchen und noch weitere Redewendungen. Sie erkannte die Wechselwirkung ihres sprachlichen Musters und ihres Lebensmusters und war tief berührt.

Sie schwieg eine Weile. Dann fragte sie fast ratlos: „Ich bin Verkäuferin. Zu mir kommen Kunden, die sich etwas aussuchen wollen. Ich sage ihnen dann, dass sie sich gern etwas aussuchen können. Das sage ich viele Male an einem Tag. Jetzt wird mir die Wirkung bewusst. Und die will ich nicht mehr. Ja, was kann ich denn sagen statt ‚aussuchen'?"

Ich bot ihr eine Alternative für den Umgang mir ihren Kunden an: „Sie dürfen gerne etwas auswählen." Das war für sie eine weitere Erkenntnis: „Wählen statt suchen. So leicht kann das Leben sein!" Sie lachte und strahlte.

Wie finden Sie sich?

Ja, wie finden Sie sich? Diese Redewendung enthält das Finden. Wie können Sie sich finden?

Finden ist erst dann möglich, wenn wir bereit sind, etwas zu sehen und hinzuschauen. Solange wir mit unseren Gedanken abschweifen und gedanklich in die Fremde gehen, entgehen uns viele kostbare Dinge und Begebenheiten, die auf unserem Weg liegen und über die wir achtlos hinweggehen.

So können Sie das Kostbare in sich selbst sehen, wenn Sie bereit sind, es anzusehen und anzunehmen. Jeder Mensch trägt in seinem Innersten einen Diamanten, einen glänzenden Gottesfunken. Erlauben Sie sich, ihn sichtbar zu machen. Erlauben Sie sich, ihn freizulegen und ihn zum Strahlen zu bringen.

Bevor wir das Schöne im anderen finden können, dürfen wir das Schöne in uns selbst erkennen. Sobald der Hass gegangen ist, wird das Schöne sichtbar. Hass macht hässlich. Lieben macht schön.

Sobald ein Mensch den Diamanten in sich gefunden hat und damit beginnt, ihn zum Strahlen zu bringen, kann er den Diamanten auch im anderen sehen, auch wenn der andere ihn noch nicht entdeckt hat.

Diese innere Einstellung begünstigt das eigene Wachstum und auch das des anderen. Das, was wir in uns und im anderen erkennen und wertschätzen, wird wachsen.

So weist die Sprache den Weg. Die Redewendung ‚Wie findest du die neue Kollegin?' lädt uns ein, in uns und im anderen etwas zu finden, was noch nicht sichtbar ist. Wir hören nur mit dem Herzen gut.

19. LINGVA ETERNA®-Übung

Wie oft gebrauchen Sie das Wort ‚suchen'?
Wählen Sie fünf Sätze aus Ihrem Alltag, die das Wort ‚suchen' oder eine seiner Ableitungen enthalten. Schöpfen Sie aus dem Reichtum der deutschen Sprache und finden Sie jeweils eine mögliche Alternative für diese Ausdrucksweise.
Achten Sie vier Wochen auf diese Sätze und lassen Sie das übertriebene Suchen hinter sich.
Geben Sie dem Wort ‚finden' bewusst Raum
Beobachten Sie, welche Auswirkung diese beiden Korrekturen auf Ihr Leben haben.

Die Sitzordnung am Tisch erleichtert das Ankommen

Die feste Sitzordnung am Tisch ist ein stummes und täglich wiederkehrendes Signal. Jedes Familienmitglied kennt seinen Platz und weiß, wo er hin gehört. Die feste Sitzordnung gibt Halt und Orientierung und ist segensreich. Das Suchen kann aufhören. Damit wird Energie frei, die vorher gebunden war.

Jedes Familienmitglied hat einen festen Sitzplatz. Die Reihenfolge der Sitzplätze folgt dem Rang. Wenn der Rang geklärt ist, kehrt Ruhe und Frieden ein. Rangeleien können aufhören. Ungeklärte familiäre Strukturen haben oft ein lebenslanges Suchen nach etwas Unbewusstem zur Folge.

Den höchsten Rang haben die Großeltern. Ihnen folgen die Eltern und diesen die Kinder, dem Alter nach. Das erstgeborene Kind hat einen höheren Rang als das Zweitgeborene und dieses als das Drittgeborene. In dieser Reihenfolge sitzt die Familie am Tisch. Die Reihenfolge der Sitzplätze folgt dem Uhrzeigersinn.

Der Großvater macht den Anfang. Links von ihm sitzt die Großmutter. Wenn beide Großelternpaare da sind, dann sitzen die zwei Paare nebeneinander. Die Eltern der Mutter sitzen links von den Eltern des Vaters. Als nächstes kommt der Vater und links von ihm die Mutter.

Links von der Mutter sitzen die Kinder dem Alter nach. Das erstgeborene Kind macht den Anfang bei den Kindern. Ihm folgen die anderen Kinder. Bei Zwillingen sitzt der ältere rechts und der jüngere links von ihm. Das jüngste Kind sitzt damit am nächsten zu den Großeltern oder, wenn diese nicht da sind, beim Vater. So hat alles seine Ordnung.

Bei alleinerziehenden Müttern ist es von großer Bedeutung, dass die Kinder links von ihr sitzen und sie klar den Anfang macht und führt. Ein Kind, das rechts von ihr sitzt, nimmt den Platz des Vaters ein. Dann erleben Eltern manchmal, dass diese Kinder erziehungs- und therapieresistent sind. Sie sind schlichtweg auf dem falschen Platz und werden noch lange in ihrem Leben suchen, ohne zu wissen, was sie in Wirklichkeit genau suchen.

Für die Sitzordnung am Tisch gebe ich Ihnen noch einen weiteren bedeutsamen Hinweis. Die Reihenfolge des Essennehmens ist auch wesentlich. Die Großeltern beginnen. Ihnen folgen die Eltern und ihnen die Kinder. Das älteste von den Kindern beginnt und reicht die Schüssel weiter an das nächstjüngere.

Wenn kleine Kinder mit am Tisch sitzen, die noch nicht selbständig essen können, dann drehe ich die Sitzordnung um. Das jüngste Kind sitzt dann neben der Mutter, dem folgt das nächstältere usw. Die Reihenfolge des Essennehmens bleibt wie vorher. Eltern können das Essen für das jüngste Kind schon gleich auf den Teller geben, damit es auskühlen kann. Ich empfehle Eltern, dass sie den Teller bei sich stehen lassen und ihn dem Kind hinstellen, wenn es an der Reihe ist.

So spüren Kinder von klein auf, wo ihr Platz ist. Sie werden als Erwachsene ihren Platz auch im Leben finden und da ankommen, wo sie hingehören. Dies ist eine gute Voraussetzung dafür, dass sie auch später zur rechten Zeit am rechten Ort mit den richtigen Menschen sein können.

Auch den Eltern tut diese Erfahrung gut. Dieses Sich-Einordnen im Kleinen begünstigt ein Sich-Einordnen und Sich-Einfinden im Großen.

Ich mag Sie ermutigen, die Sitzordnung in der angegebenen Weise für mehrere Wochen zu erproben. Erlauben Sie sich dafür Zeit. Es kann sein, dass alle Familienmitglieder gleich einverstanden sind. Es kann auch sein, dass jemand anfangs Widerstand leistet. Das ist meist jemand, der vorher einen ranghöheren Platz innehatte, der ihm nicht gebührt. Bleiben Sie dabei und erleben Sie selbst die ordnende Wirkung.

Ich erlebe dankbar und staunend, wie weitreichend und heilsam das Wissen um den festen Platz in der eigenen Familie ist. Dies geht bis hin zu einer größeren Sicherheit in der Rechtschreibung und beim Rechnen. Kinder, die nicht wissen, wo ihr Platz in der Familie ist, wissen oft nicht, wo der rechte Platz für einen Buchstaben ist oder welchen Stellenwert eine Zahl hat. Entdecken Sie selbst, was es mit diesem scheinbar kleinen Hinweis alles auf sich hat.

Ringen oder Rang?

Der richtige Platz am Esstisch ist ein wesentliches Signal an sich selbst und auch an die anderen Familienmitglieder. Er dient der Klärung der eigenen Position und der der anderen Familienmitglieder. Damit wird auch der Rang klar und für alle sichtbar.

Viele Menschen haben mit dem Wort ‚Rang' Schwierigkeiten. Sie lehnen es ab, ohne so recht zu wissen, warum. Mit LINGVA ETERNA® wird die Ursache klar. Wenn ich diese Menschen bitte, das Wort ‚Rang' zu sagen und es noch ein zweites Mal zu wiederholen, dann klärt sich die Ursache. Bei ihnen schwingt eine andere Bedeutung mit als die des Ranges in einer Familie oder in einem Betrieb.

Bei ihnen klingt das Wort nach der Vergangenheitsform von ‚ringen'. So ist es klar, dass das Wort ‚Rang' für sie belastend ist. Dies kann das Ringen um Anerkennung sein oder auch das Ringen um Luft.

Peter sagte mir, dass er nun einen völlig neuen Zugang zu seinem Asthma gewonnen habe, an dem er seit seiner Kindheit leidet. Sein Rang in der Familie war lange ungeklärt. Nun konnte er weitreichende Zusammenhänge sehen. Er erkannte, dass er dieses Wort bislang nur im Sinn von ‚um etwas ringen' gebraucht hat, und dies häufig. Er erkannte auch die Auswirkung: Er musste bislang oft und immer wieder um etwas ringen. Oftmals hatte er das Gefühl gehabt, dass ihm im wahrsten Sinne des Wortes beruflich die Puste ausging. Dies änderte sich in der Folgezeit.

Er entschloss sich, dem Rang in seiner Sprache und in seinem Denken Raum zu geben. Er nahm den ‚Vorrang' in seine Sprache auf. Von nun an sagte er, dass eine Tätigkeit für ihn Vorrang hat. Bisher hatte er von ‚der höchsten Dringlichkeitsstufe' oder auch von ‚der allerhöchsten Dringlichkeitsstufe' gesprochen.

Gleichzeitig führte er in seiner Familie nach einer Klärung mit seiner Frau die oben beschriebene Sitzordnung ein. Sie erlebten miteinander, wie vieles in der Familie in Bewegung kam und sich auf wundersame Weise ordnete und fügte.

Hildegard hatte keine Ahnung

Hildegard hatte Sorgen wegen ihres 16-jährigen Sohnes Fabian. Sie berichtete, dass er in der Schule schlecht sei. Er lernte daheim fleißig und doch schrieb er in der Schule schlechte Noten. Das machte ihn abwechselnd wütend und verzweifelt. Auch Nachhilfestunden änderten an der Situation nichts dauerhaft.

Ich hatte Hildegard in einem ersten Gespräch einige Fragen gestellt und sie gebeten, auf bestimmte Einzelheiten zu achten. Beim nächsten Gespräch sollte sie davon berichten. Als ich sie auf meine Fragen von der letzten Stunde ansprach, sagte sie: „Ich habe keine Ahnung. Mir ist nichts eingefallen ..." Ich merkte mir diesen Satz. Er erwies sich später als wertvoller Schlüssel.

Im Hintergrund gab es eine verworrene Familiengeschichte. Hildegards Mutter hat ihren Vater kaum gekannt. Er war im Krieg gefallen, als sie ein kleines Mädchen war. Hildegards Mutter nahm daraufhin einen zweiten Mann und stellte ihn ihrer Tochter als Papa vor. Von dem leiblichen Vater war nicht mehr die Rede. Es gab nur noch den zweiten Mann. Er galt als der Papa.

Hildegard wuchs in dem Glauben auf, dass dieser Mann ihr Opa war. Sie hatte den Kontakt zu dem wahren Ahn nicht herstellen können. Sie wusste gar nichts von ihm. So hatte sie ganz wörtlich ‚keine rechte Ahnung'.

Ich folgte auch bei dieser Beratung den Prinzipien von LINGVA ETERNA®. Durch die Art, wie Hildegard sprach, erkannte ich, dass das Wort ‚keine Ahnung' ein Schlüssel für ihre Geschichte und für die ihres Sohnes Fabian sein konnte. Den zweiten Schlüssel gab der Satz „Mir ist nichts eingefallen". Auch bei diesem Satz schwang eine zweite Botschaft mit. Ich fragte sie, ob jemand in der Familie gefallen sei. Sie verneinte erst die Frage. Doch dann sagte sie, dass ihr wahrer Opa im Krieg gefallen sei, als ihre Mutter zwei Jahre alt war. Dies war ihr jetzt wieder ‚eingefallen'.

Sie sagte mir dann, dass ihr Sohn Fabian sich lebhaft für seine Ahnen interessiere und immer wieder Fragen stellte. Sie war noch nie auf die Idee gekommen, ihm von seinem wahren Uropa zu erzählen. Sie hatte keine Ahnung – so sagte sie – dass dieser Mann für den Urenkel von Bedeutung sein könnte. Sie meinte, dass Fabian ihn ja gar nicht einmal kenne.

Hier täuschte sie sich. Die Seele kennt jeden, der zur Familie gehört, und will einen jeden geachtet wissen. Bislang hatte sie Fabian gesagt, für Ahnenforschung sei noch genug Zeit, wenn er seine Fünfer aus dem Zeugnis habe. Er solle erst einmal das Wichtige tun.

Nun erwies sich, dass Fabian mit seinem bohrenden Fragen Recht hatte. Hier war der Schlüssel, der Fabians Leben und auch dem seiner Mutter eine Wende gab. Die Ausdrucksweise der Mutter hatte mir den Weg gewiesen. Ich bat Hildegard, Fabian von seinem Uropa zu erzählen und ihrerseits achtsam zu sein mit der Redewendung ‚keine Ahnung'. Sie hatte ihre Ahnung jetzt wieder gewonnen: Der leibliche Opa war für sie von nun an der Opa Ernst und der zweite Mann ihrer Großmutter der Opa Hermann.

Die Mutter befolgte meine Empfehlung und erzählte Fabian von seinem Uropa Ernst. Und sie bat ihn, ihr zu helfen, die Redewendung ‚keine Ahnung' hinter sich zu lassen. Fabian zeigte lebhaftes Interesse, fand seine Wurzeln und kam damit in seine Kraft.

Tobias war zwanghaft zerstreut

Fabians Geschichte ist keine Ausnahme. Auch bei Tobias konnte ich mit LINGVA ETERNA® der Familie nach jahrelangem Suchen den Weg zur Lösung zeigen.

Karin Bürger rief mich an und erbat Rat wegen ihres 18-jährigen Sohnes Tobias. Sie hatte ihn wegen seiner Schulschwierigkeiten schon seit Jahren immer wieder neuen Therapeuten vorgestellt. Seine Konzentrationsstörungen waren aus ihrer Sicht das Hauptproblem. Sie schilderte ihren Sohn mit den Worten: „Tobias ist zwanghaft zerstreut." Ich lauschte ihrer Schilderung noch eine Weile und griff dann diese Formulierung auf. Mir erschien diese Wendung für einen 18-Jährigen merkwürdig. Ich stellte der Mutter einige Fragen.

Dabei kam heraus, dass ihre Mutter als kleines Mädchen mit ihrer Familie aus Schlesien fliehen musste und dass die Familie in zwei Flüchtlingstrecks geteilt wurde. Sie wurden zwanghaft zerstreut und fanden sich erst Monate später wieder. Der Enkel lebte diese Energie noch und zeigte sie auf einer anderen Ebene, nämlich auf der der

Konzentration. Beim sprachlichen Benennen des Störungsbildes wurde der Zusammenhang hörbar.

Weitere Fragen ergaben, dass Tobias ein lebhaftes Interesse für Schlesien und die Heimat seiner Großmutter und seiner Urgroßeltern hatte. Niemand aus der Familie hatte sich mit diesem Thema befassen wollen, und so hatte der Enkel bis zu diesem Zeitpunkt keinerlei weiterführende Antworten erhalten. Er hatte nicht einmal gewusst, dass die Familie zwanghaft zerstreut worden war. Die Familie wollte diese Gräuel nicht noch einmal aufleben lassen.

Ich begleitete die Mutter dabei, sich nach langen Jahren wieder mit Schlesien zu befassen und so die Heimat wieder in die Erinnerung zu holen und natürlich dem Sohn davon zu erzählen. Ich ermunterte sie, sich mit schlesischem Brauchtum zu befassen und in Erfahrung zu bringen, wie das Haus ausgesehen hatte, in dem die Familie in Schlesien gewohnt hatte, und wie der Garten ausgesehen hatte. Karin Bürger war erleichtert, dass sie auch Schönes erzählen durfte. Auf diese Idee war sie noch nicht gekommen. So wuchs in ihr das Interesse, selbst einmal dorthin zu fahren und sich auf die Spuren der Ahnen zu begeben. Sie sagte mir, dass es noch einen alten Onkel gebe, der in Schlesien die ersten Jahre seiner Kindheit erlebt hat. Seit dem Tod der Mutter hatten sie den Kontakt zu ihm gemieden, da er immer nur von Schlesien erzählen wollte. Das wollte sie nun eilig ändern und gleich mit ihm Kontakt aufnehmen.

Tobias interessierte sich lebhaft für den Großonkel und seine Erzählungen von Schlesien. Als er endlich wusste, wo seine Wurzeln sind, und er von der Heimat und dem Schicksal seiner Oma erfahren hatte, konnte er endlich damit aufhören, stellvertretend ‚zwanghaft zerstreut' zu sein. So kam er in seine Kraft und blühte auf.

Das Störungsbild des Enkels und die merkwürdige Ausdrucksweise der Mutter hatten hörbar gemacht, um was es hier in der Tiefe ging. Von da aus war das weitere Stärken und Entfalten der Kräfte mit LINGVA ETERNA® einfach.

Voller Name – volle Kraft

Vornamen sind ein Kapitel für sich. Und sie sind ein Kapitel für sich wert. Bei unseren LINGVA ETERNA®-Seminaren erleben wir hier immer wieder Überraschungen. Je nach dem äußeren Rahmen schätze ich es, die Seminarteilnehmer per Sie und beim Vornamen anzusprechen. So sehe

und höre ich, wie sich die einzelnen Seminarteilnehmer vorstellen. Die meisten Teilnehmer und Teilnehmerinnen sagen ihren vollen Vornamen, zumindest in dieser Runde. Im Freundeskreis und auch in der Arbeitssituation ist dies oft anders.

Andere Seminarteilnehmer kürzen ihren Vornamen ab. Sie sind die Gabi, der Uli, der Andi, der Pitti, die Bine usw. Für die Abkürzungen gibt es die unterschiedlichsten Begründungen. Die einen finden ihren Vornamen unsäglich hässlich und sind ihren Eltern dafür noch heute böse. Andere sagen, dass noch niemand sie jemals anders genannt habe als bei ihrem abgekürzten Vornamen und dass sie noch nie darüber nachgedacht hätten.

Wieder andere stellen sich mit einem Vornamen vor, den sie in Wahrheit gar nicht haben. Den haben sie sich ausgedacht, weil sie den hässlich finden, den ihre Eltern ihnen gegeben haben, oder weil die Mutter, Tante oder Oma auch so heißt und so weiter. Etwas gänzlich anderes sind die Namen, die Ordensleute tragen. Diese haben eine eigene und kostbare Geschichte.

Die Wahrheit ist in meinen Augen, dass jeder und jede genau den richtigen Vornamen hat. Unsere Eltern haben ihn für uns ausgewählt und ihn uns gegeben. Wenn Menschen sich gegen ihren Vornamen wehren, dann sind sie meistens mit ihren Eltern noch nicht im Reinen. Sie können erst dann ihre Talente zum Blühen und zur vollen Entfaltung bringen, wenn sie ihre Eltern so annehmen, wie sie sind.

Von ihnen haben sie ihr Leben bekommen und ihre Talente geerbt. Die Frage, ob jemand seinen Vornamen annehmen kann, hat viel damit zu tun, ob er seine Eltern annehmen kann und will oder nicht. Doch kommt niemand, der wirklich glücklich sein will, darum herum, seine Eltern in Liebe anzunehmen.

Seelische Wunden brauchen Zeit, um zu heilen. Dieser innere Prozess kann leicht vorangehen, wenn jemand bereit ist, seinen vollen Vornamen anzunehmen und gute, neue Erfahrungen damit zu machen. Als Kinder haben sie oft die Erfahrung gemacht, dass ihre Eltern oder auch Lehrer sie nur dann mit dem vollen Vornamen ansprachen, wenn sie sie tadelten. Diese Wunden dürfen mit neuen, angenehmen Erfahrungen heilen.

Aus Uli wird Ulrich

Ulrich stellte sich im Seminar als Uli vor. Er erzählte, dass er in seinem Betrieb Schwierigkeiten mit der Disziplin seiner drei Mitarbeiter habe. Er ärgerte sich, dass sie sich nicht an seine Anweisungen hielten. Er meinte, dass er diese Anweisungen klar gebe und dass sie genau wüssten, was sie zu tun hätten. Er fühlte sich nicht ernst genommen.

Ich fragte Ulrich erst, wie er seinen Mitarbeitern die Anweisungen gibt. Diese war im Wesentlichen klar und eindeutig. Danach sprach ich ihn auf seinen Vornamen an und fragte, wie er sich von den Mitarbeitern ansprechen lasse.

Er und seine Mitarbeiter haben einen kollegialen Umgangston. Bei ihnen ist es üblich, dass sie sich duzen. Ja, und er ist bei ihnen der Uli. Seine Mitarbeiter sind der Michi, der Ferdi und der Thomas. Mit Thomas hatte er die größten Schwierigkeiten. Der beanspruchte nach seiner Aussage immer die Führung. Ich merkte an, dass Thomas der einzige von ihnen ist, der keinen Kindernamen mehr führt.

Dies ließ Ulrich aufhorchen. So hatte er sich die Angelegenheit noch nie betrachtet. Ich bot ihm an, selbst den Unterschied zu erleben und sich von der Gruppe eine Rückmeldung geben zu lassen.

Ich bat ihn, einen Gesprächspartner zu wählen und sich ihm vorzustellen. Zweimal sollte er dies mit ‚Uli' machen und danach zweimal mit ‚Ulrich'. Dies tat er: „Ich bin der Uli. – Ich bin der Uli." Nach einer kurzen Pause sagte er: „Ich bin Ulrich. – Ich bin Ulrich." Interessanterweise sagte er beim zweiten Mal den Artikel nicht mehr. So brachte der vollständige Name mehr in Bewegung, als er dies bewusst gewollt hatte.

Er bekam interessante Rückmeldungen: Bei ‚Ulrich' richtete er sich auf. Er saß auf einmal gerade da. Seine Stimme war tiefer und erwachsener als bei ‚Uli'. Das Wort klang voller als das kurze ‚Uli'. Kurzum, als ‚Uli' war er ein Kind und bei ‚Ulrich' ein Mann in seiner vollen Kraft.

Diese angenehmen und anerkennenden Rückmeldungen machten es ihm leicht, seinen vollen Vornamen anzunehmen. Er stellte sich von nun an nur noch als Ulrich oder als Ulrich Bäcker vor. Manche Freunde übernahmen den vollen Vornamen, andere blieben bei der Abkürzung. Bedeutsam war es, dass Ulrich selbst wusste, dass er Ulrich ist.

So zeigte er sich von nun an in einer Weise, wie er sich bislang noch nicht gezeigt hatte. Er änderte den Text auf seinem Anrufbeantworter und auch das Klingelschild. Nun zeigte er sich als der, der er in Wirklichkeit ist. Damit hatte er natürlich auch eine andere Wirkung nach außen. In der Folge änderte sich seine Wirklichkeit. Seine Mitarbeiter fühlen sich von ihm gut geführt und tun bereitwillig, was er ihnen aufträgt.

Flo hatte ein sprunghaftes Wesen

Andreas schlug sich auf die Stirn, als er von der Kraft der Vornamen hörte. Er wurde abwechselnd kreidebleich und rot. Ich fragte ihn, was mit ihm los sei.

Ihm war ein Licht aufgegangen. Sein Sohn war 19 Jahre alt und bereitete ihm große Sorgen. Er hatte die Schule am Beginn der elften Klasse abgebrochen. Danach hatte er wechselnde Jobs gehabt und dreimal eine Lehre begonnen und sie jedes Mal wieder abgebrochen. Er war beängstigend sprunghaft. „Was kann ein Flo anderes sein als ein sprunghaftes Wesen! Von dieser Sekunde an werde ich ihn nur noch Florian nennen. Ich werde ihm das sagen. Mein Gott! Mein Flo–rian. Er ist, nein, er war für mich noch immer unser Jüngster, unser Kleiner. Jetzt lasse ich ihn groß werden." Tief bewegt schwieg er und schrieb seinem Sohn noch am selben Tag einen Brief.

Florians vollständiger Vorname ist ein kleiner Baustein auf seinem Lebensweg und wird alleine nicht alle seine Schwierigkeiten lösen. Und doch ermöglicht er allen Beteiligten einen neuen Blick auf Florian, auch Florian selbst. Dies wird einen Einfluss auf sein Selbstbild haben.

Ein anderer Seminarteilnehmer war von Florians Geschichte berührt und sprach von seinem Sohn Friedrich Ludwig: „Mein Sohn ist 23 Jahre alt. Wir haben ihn von klein auf immer Friedrich Ludwig genannt und ihn auch konsequent nur so angesprochen. Das war manchmal lästig für uns Eltern und forderte unsere Disziplin. Er ist über die Jahre in seinen Namen hineingewachsen und ist ein stabiler, hoffnungsfroher junger Mann. Wir hatten nichts davon gewusst. Wir hatten einfach das Empfinden, dass es so stimmt. Ich bin dankbar, dass alles so gekommen ist."

Ob Kinder dann viel Verbotenes anstellen und kräftig über die Stränge schlagen, wenn sie unbewusst wollen, dass ihre Eltern und Großeltern sie bei ihrem vollen Vornamen ansprechen? Vielleicht brauchen sie das. Wenn dem so ist, dann können Eltern, ErzieherInnen und LehrerInnen sich und ihren Kindern das Leben wesentlich erleichtern, indem sie die Kinder mit ihrem vollen Vornamen ansprechen.

Mit Sicherheit können Kinder, Jugendliche und auch Erwachsene ihr Potential mit dem vollen Namen viel leichter entfalten, als wenn sie ihren Namen fast immer nur als Abkürzung hören und auch jeder ihn in dieser Form gebraucht, egal ob Erzieher, Lehrer, Ausbilder, Kollege, Vorgesetzter oder nahe Freunde und Familie.

Der Kosename darf als Kosename natürlich bleiben, eben als Kosename.

5 Sprache und Werte

Im dritten Kapitel dieses Buches habe ich Sie zu alltäglichen Situationen geführt und Ihnen gezeigt, welche Zusammenhänge von Sprachgebrauch und individueller Wirklichkeit sichtbar werden und welche Möglichkeiten sich mit LINGVA ETERNA® auftun. Im vierten Kapitel habe ich Sie auf Wechselwirkungen von individuellem Sprachgebrauch und persönlichen Lebensthemen aufmerksam gemacht. Auch hier eröffnet LINGVA ETERNA® neue Wege.

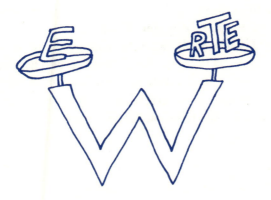

In diesem fünften Kapitel lenke ich Ihren Blick auf einen weiteren Bereich, in dem dieses Konzept seine segensreiche Wirkung entfaltet: Dies ist der Umgang mit den Werten.

Der alltägliche Sprachgebrauch zeigt, welchen Stellenwert, welchen Wert das Wort ‚Wert' in unserer Gesellschaft bekommen hat. Dies gilt für das Wort ‚Wert' mit seinen Zusammensetzungen ebenso wie für seine Ableitungen mit Vor- und Nachsilben.

Die Bezeichnung einzelner Werte sowie ihr Stellen-Wert in der Gesellschaft oder für den Einzelnen oder eine Familie sind eine umfangreiche Betrachtung wert. Werte, die hoch im Kurs stehen, haben Wörter, die diesen Wert benennen. Andere Werte haben keine eindeutige Bezeichnung mehr oder das entsprechende Wort hat eine Bedeutungsverschiebung erfahren. Damit ist auch die Bedeutung des Wertes ins Wanken geraten. Mit dem Bewusstsein für einen Wert geht das Wort unter, und mit diesem geht der Wert unter.

Mit LINGVA ETERNA® geben wir diesen Wörtern erneut ihre Bedeutung und beleben sie wieder. Sie finden allmählich, Schritt für Schritt und Wort für Wort, wieder ihren Weg in die allgemeine Sprache. Jedes Wort wirkt, und natürlich auch die Wörter aus dem großen Bereich der Werte. Ich lade Sie ein, sich auf diese wunderbaren Möglichkeiten einzulassen und dem Wert und den Werten in Ihrem Denken und Sprechen bewusst Raum zu geben.

Der ‚Wert' in der Alltagssprache

Als erstes lade ich Sie ein zu einer Wortprobe mit dem Wort ‚Wert'. Sagen Sie es bitte zweimal halblaut und langsam: „Wert – Wert".

Horchen Sie in sich hinein. Wie klingt dieses Wort in Ihnen nach? Welche inneren Bilder steigen in Ihnen auf? Schenken Sie sich dafür Zeit. Was sind Ihre ersten spontanen Bilder, Assoziationen und Empfindungen?

Das Wort ‚Wert' klingt bei mehreren Sprechern oft ganz und gar unterschiedlich. Bei manchen klingt es nach einem kleingeschriebenen ‚wert' und wieder bei anderen nach einem großgeschriebenen ‚Wert'. Bei den einen hat es viel Kraft und bei den anderen wenig. Bei den einen klingt es nach einem materiellen Wert und bei anderen nach einem inneren Wert.

Manche stellen mit diesem Wort eine Frage: ‚Wert?' oder auch ‚wert?'. Bei ihnen klingt ‚Wert' so, als ob sie wissen wollten, was ein Wert ist oder ob etwas einen Wert hat.

Bei manchen klingt ‚Wert' nicht nach ‚Wert'. Bei ihnen hat das Wort einen anderen Klang und auch eine andere Bedeutung: Es klingt nach ‚wehren'. Jemand ‚wehrt' sich. Entweder wehren sie sich selbst, oder jemand anderes wehrt sich. Bei dieser Speicherung ist es Menschen schwer, sich mit Werten anzufreunden. Bei ihnen klingeln gleich die inneren Alarmglocken.

Auch wenn dies so ist, oder auch gerade dann, wenn dies so ist, eröffnet der bewusste Umgang mit dem Wort ‚Wert' und seinen Ableitungen neue Blickwinkel. Auf diese Weise wandelt sich die innere Einstellung und ermöglicht ein Heilen alter Verletzungen und Bedrohungen. Freilich hilft nicht allein das Wandeln dieses einen, einzigen Wortes. Es bedarf noch einiger weiterer gezielter Interventionen auf der sprachlichen Ebene. Doch hat es sicher eine Schlüsselposition und berührt bei vielen Menschen den Kern.

Wertvoll, Wertstoffhof und andere Wörter mit ‚Wert'

Das Wort ‚Wert' hat in seinen Zusammensetzungen und Ableitungen einen festen Platz im täglichen Sprachgebrauch. Doch ist das Wort ‚Wert' dabei vielfach weder dem Sprecher noch dem Hörer oder Leser bewusst. Der ‚Wert' hat in seinen Zusammensetzungen vielfach seinen ursprünglichen Wert, seine ursprüngliche Bedeutung verloren.

Da gibt es beispielsweise den ‚Entwerter'. Der ‚entwertet' eine Fahrkarte. Die ‚Wertstofftonne' und der ‚Wertstoffhof' nehmen vorsortierten Müll auf. Der ‚Wertverlust' stellt den Mangel in den Vordergrund. Bei Zusammensetzungen kann das Wort ‚Wert' auch am Wortende stehen. Davon gibt es noch weit mehr Kombinationen als bei den Zusammensetzungen mit dem vorangestellten ‚Wert': der ‚Stellenwert', die ‚Zahlenwerte', die ‚DAX-Werte', die ‚Blutwerte', den ‚Einkaufswert', den ‚Freizeitwert' und viele mehr.

Des Weiteren gibt es zahlreiche Ableitungen von dem Wort ‚Wert' mit Vor- und Nachsilben. Eine Auswahl mag genügen, um Umfang und Art und Weise des alltäglichen Gebrauchs sichtbar zu machen: ‚abwerten', ‚aufwerten', ‚auswerten', ‚bewerten', ‚verwerten', ‚wertlos' und ‚wertvoll', ‚wertschätzen', ‚hochwertig', ‚minderwertig', ‚werthaltig' und viele mehr.

Mit LINGVA ETERNA® lenken wir den Blick auf einen achtsamen Umgang mit den Werten und damit auch mit dem Wort ‚Wert'. Das neu gewonnene Bewusstsein für Werte beginnt mit einem neuen Erfassen und Begreifen des Wortes an sich.

Wie sagen Sie ‚Wert'?

Entdecken Sie dieses Wort neu. Finden Sie heraus, wie Sie es sagen. Geben Sie sich Zeit, den Wert neu zu entdecken. Ich lade Sie ein, jedem einzelnen Laut nachzuspüren.

Beginnen Sie mit dem ‚W'. Formen Sie ein ‚W'. Das ‚W' ist ein stimmhafter Reibelaut. Legen Sie dafür die Unterlippe an die oberen Schneidezähne und lassen Sie die Luft durch den dabei entstehenden Spalt strömen. Bis hierher ist der Laut ein ‚F'. Nun geben Sie noch Stimme dazu. Erlauben Sie sich zu spüren, wie weit die Schwingung des stimmhaften ‚W' Ihren Mund, Ihren Hals und Ihren Oberkörper schwingen lässt. Als nächstes formen Sie das ‚E'. Das ‚E' in ‚Wert' ist ein geschlossenes, langes ‚E' wie in ‚Meer'. Wir haben in der deutschen Sprache fünf unterschiedliche ‚E'. Jedes ‚E' hat einen anderen Klang und eine andere Wirkung. Die Rechtschreibung bildet die phonetische Wirklichkeit nicht ab.

Formen Sie behutsam das lange, geschlossene ‚E'. Fühlen Sie die Position Ihrer Zunge und die Position Ihrer Lippen. Nehmen Sie auch die Stellung des Kiefers wahr und damit die Öffnung des Mundes. Werte wachsen langsam und haben Bestand. Schnelllebige Werte gibt es nicht. Das lange ‚E' entspricht der Aussage dieses Wortes.

Der dritte Buchstabe des Wortes ‚Wert' ist ein ‚R'. Schreiben Sie es nur, oder artikulieren Sie es in diesem Wort als ein ‚R'? Bei vielen Menschen klingt dieser Laut in dem Wort eher wie ein ‚A'. Sie sagen ‚W-E-A-T'. ‚Weat' klingt und schwingt anders als ‚Wert'. Damit hat es auch eine andere Wirkung. Geben Sie dem Wert mit dem bewusst artikulierten ‚R' seine Kraft wieder!

Probieren Sie beide Varianten einfach aus. Lassen Sie sich beide auf der Zunge zergehen. Hören und fühlen Sie den Unterschied.

Als Nächstes können Sie darauf lauschen, wo und wie Sie das ‚R' in Ihrem Mund bilden. Wir können diesen Laut im Deutschen auf zweierlei Weisen bilden. Das eine ist das Zungenspitzen-R und das andere das Zäpfchen-R. Beide sind möglich. Wo formen Sie das ‚R'? Fühlen und erleben Sie, dass das ‚R' immer etwas in Schwingung und damit in Bewegung bringt. Wenn Sie Spaß daran haben, dann probieren Sie auch die andere Variante aus. Jeder kann sie lernen.

Nach dem ‚R' folgt in dem Wort ‚Wert' das ‚T'. Beim ‚T' bilden Sie mit der Zungenspitze an den Zahntaschen der oberen Schneidezähne einen harten Verschluss. Mit dem Ende des ‚T' öffnet sich ein Verschluss. Das ‚T' hat etwas mit Tun und mit Tatkraft zu tun. Von nichts kommen Werte nicht.

Nach dieser Betrachtung der einzelnen Laute füge ich diese wieder zu einem Wort zusammen und bitte Sie, das Wort ‚Wert' nochmals halblaut zu sagen und eine erneute Wortprobe zu machen: „Wert – Wert".

Wie klingt das Wort jetzt in Ihren Ohren? Ist es genau so wie am Anfang?

Bewerten – was ist das?

Das Wort ‚bewerten' heißt genau genommen ‚einen Wert geben' oder einen Wert benennen. Die Vorsilbe ‚be-' zeigt eine Hinbewegung. Bei einer Behandlung legt der oder die Behandelnde seine Hände auf den Körper des Behandelten. Wenn jemand einen anderen Menschen begutachtet, dann schreibt er ein Gutachten mit Blick auf diesen Menschen. Und beim Beleuchten leuchtet eine Lampe einen Gegenstand oder einen Menschen an.

Das Bewerten ist als solches neutral und im ursprünglichen Sinn des Wortes wertschätzend. Doch bedeutet es im allgemeinen Sprachgebrauch vielfach ein Abwerten oder lädt ein solches ein.

Stellen Sie sich vor, dass jemand Sie nach Ihrer Meinung zur Neuinszenierung eines Theaterstückes fragt. Er kann fragen: „Wie bewertest du die Neuinszenierung der

Meistersinger?" Oder er kann fragen: „Wie findest du die Neuinszenierung der Meistersinger?" Je nach der Art der Frage werden Sie vermutlich bei Ihrer Antwort unterschiedliche Akzente setzen.

Ich wähle einen alltäglichen Satz und lade Sie ein, diesen Satz selbst auszuprobieren. Sagen Sie bitte zweimal halblaut und langsam: „Wie bewertest du ihre Bemerkung? – Wie bewertest du ihre Bemerkung?" Horchen Sie in sich hinein und lassen Sie diesen Satz in sich nachklingen. Welche Wirkung hat er auf Sie?

Probieren Sie eine Alternative: „Wie siehst du ihre Bemerkung? – Wie siehst du ihre Bemerkung?" Horchen Sie auch hier in sich hinein und lassen den Satz in sich nachklingen. Achten Sie auch hier darauf, welche Wirkung der Satz auf Sie hat.

Mit dieser Variante sprechen Sie das Sehen an. Sie können ebenso gut das Hören oder das Fühlen ansprechen. Dann fragen Sie: „Wie klingt ihre Bemerkung für dich?" Oder: „Wie empfindest du ihre Bemerkung?" Sie können auch fragen: „Was sagst du zu ihrer Bemerkung?"

Jede dieser Varianten hat einen eigenen Klang und eine eigene Wirkung. Bedeutsam an dieser Stelle ist einzig, dass Sie eine Alternative für das Wort ‚bewerten' finden. Das Bewerten kommt aus dem Kopf und aus dem Denken und ist oft in Wahrheit ein Abwerten.

Erlauben Sie sich, den Wert zu sehen und diesen auch zu benennen.

20. LINGVA ETERNA®-Übung

Schenken Sie für eine Woche dem Wort ‚Wert' und seinen Ableitungen Ihre erhöhte Aufmerksamkeit. Sprechen Sie das ‚R' bewusst.
Beobachten Sie die Wirkung in Ihrem Leben.

Dorothea hob mit dem Wort ‚Wert' einen Schatz

Dorothea hatte beruflich und auch privat in ihrem Leben vieles erreicht. Und doch war sie unglücklich. Sie hatte immer wieder das Empfinden, dass sie nicht gut genug war. Sie wusste lange nicht, wie sie dieser Vorstellung eines andauernden Mangels beikommen konnte. Vom Kopf her war ihr klar, dass sie allen Grund hatte, mit dem Ergebnis ihres Tuns zufrieden zu sein. Doch hatte sie diesen Frieden noch nicht finden können.

Das Wort ‚Wert' wurde für sie ein Schlüssel. Sie erkannte beim wiederholten Aussprechen des Wortes, dass sie hinter dem Wort ‚Wert' ein Fragezeichen empfand. Sie zweifelte an ihrem Wert. Und tatsächlich gebrauchte sie das Wort ‚Wert' fast nie in seinem ursprünglichen Sinn. ‚Wert' war für sie eins mit ‚wertlos', ‚abwerten', ‚entwerten', ‚minderwertig' und natürlich mit ‚Minderwertigkeitskomplex'.

Selbst wenn sie einmal von ‚wertvoll' sprach, schwang in diesem Wort die Speicherung des Mangels mit. Diese belastende Speicherung war so stark, dass sie immer und überall durchdrang.

So leitete ich Dorothea an, das Wort ‚Wert' zu wandeln und mit einem neuen Inhalt zu füllen. Ich bat sie, ein Blatt

Papier zu nehmen und auf der linken Seite von oben nach unten in großen Buchstaben das Wort ‚Wert' zu schreiben. Dahinter sollte sie jeweils ein Wort schreiben, das mit dem jeweiligen Buchstaben beginnt. Dieses Wort sollte ein Wort sein, das ihr gut tut und ihr ein Wohlgefühl gibt.

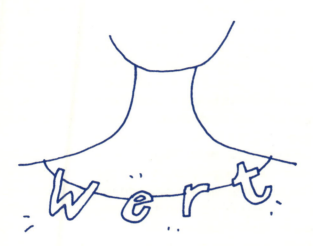

Dorothea begann: Für das ‚W' wählte sie ‚Wohlfühlen', für das ‚E' ‚Erdbeereis', für das ‚R' Rosenduft und für das ‚T' ‚Tanzen'. Sie strahlte, als sie diese Wörter untereinander stehen sah. Alles davon mochte sie.

Ich führte sie noch einen Schritt weiter. Ich bat sie, die Hände in der Form eines Dreiecks auf den Bauch zu legen. Die Daumen sollten dabei in einer waagrechten Linie übereinander liegen. Nun wies ich sie an, jedes neu gewonnene Wort bewusst zu sagen, seine Bedeutung zu empfinden und es mit der Nase in die Luft zu schreiben. Die Augen sollten der Bewegung folgen. Jeweils nach zwei oder drei Buchstaben sollte sie neu ansetzen, damit sie die Bewegung leicht und effizient ausführen kann.

Diese Übung hat eine spielerische und heitere Leichtigkeit. Gleichzeitig hat sie eine tiefgehende, heilsame Wirkung. Dorothea hatte Freude an dieser Übung. Sie lachte und bildete einen Satz aus ihren vier Wörtern: „Ich fühle mich wohl, esse Erdbeereis, rieche Rosenduft und tanze." Spontan juchzte sie auf und strahlte übers ganze Gesicht.

Sie wünschte sich nun Wohlfühlwörter mit ‚Wert' und wählte einige handverlesene davon für ihre Alltagssprache aus. Das Wort ‚wertvoll' war eines davon. Die abwertenden Wörter mit dem Wortstamm ‚Wert' wandelte sie nach Möglichkeit und fand für sie weitgehend andere Bezeichnungen.

So wurde das Wort ‚Wert' für sie zum Schlüsselwort. Ich durfte sie noch einige Wochen begleiten und erlebte, wie sie aufblühte. Sie war rundherum glücklich. Sie fühlte sich wohl und empfand sich als einen wertvollen Menschen. Sie fühlte nun bis in die letzte Pore, dass sie in Ordnung ist, so wie sie ist. Dieses Wissen war mit LINGVA ETERNA® vom Kopf in den Bauch gerutscht.

Ehrlich und unehrlich

Das muss ich einmal ehrlich sagen!

Die Ehrlichkeit ist ein grundlegender Wert. Einem ehrlichen Menschen können Sie glauben und Sie können ihm trauen. Ehrlichkeit ist eine grundlegende Basis für ein stabiles, wohlwollendes Zusammenleben und ebenso für eine Zusammenarbeit, die Bestand haben kann.

Ihr Fehlen führt zu peinlichen Heimlichkeiten und zu Betrug. Im großen Maßstab erwachsen daraus dicke Skandale. Diese gibt es im privaten Bereich ebenso wie in der Wirtschaft und der Politik.

Bedeutsam ist dabei, dass jeder Einzelne sich bewusst macht, ob Ehrlichkeit für ihn einen hohen und erstrebsamen Wert darstellt oder nicht und was Ehrlichkeit für ihn konkret bedeutet.

Hier mag ich die Frage in den Raum stellen, wie oft bei jedem Einzelnen und auch wie oft in den Medien von Ehrlichkeit die Rede ist und wie oft von einem Mangel an Ehrlichkeit. Der alltägliche Sprachgebrauch zeigt den inneren Blickwinkel.

Nach bewährter LINGVA ETERNA®-Vorgehensweise lade ich Sie wieder zu einer Wortprobe ein. Sagen Sie bitte zweimal halblaut und langsam: „Ehrlich – ehrlich". Horchen Sie wieder in sich hinein. Wie geht es Ihnen mit diesem Wort?

Bei Margot war ‚ehrlich' ein Füllwort

Margot hatte geklagt, dass so viele Menschen unehrlich sind. Sie fühlte sich belogen und betrogen. Das hatte sie nicht nur einmal oder zweimal erlebt. Dieses unglückliche Muster begleitete sie schon viele Jahre. Sie war verzweifelt.

Ich fragte sie, ob sie häufiger von ‚unehrlich' oder von ‚ehrlich' sprach. Diese Frage konnte sie spontan beantworten: „Natürlich spreche ich häufiger von ‚unehrlich' als von ‚ehrlich'. Das erlebe ich ja auch andauernd!" Ich antwortete ihr: „Sie selbst haben einen Anteil daran. Sie denken in die falsche Richtung! Mit kleinen, gezielten Änderungen in

Ihrer alltäglichen Ausdrucksweise können Sie Ihrem Leben eine sanfte Wende geben. Ich sage Ihnen gern, wie Sie dies konkret tun können."

Margot sah mich fragend an: „Ehrlich? – Ehrlich gesagt kommt mir dieser Ansatz etwas zu einfach vor. Na ja, vielleicht hilft er ja. Das wäre ehrlich große Klasse!"

Die Ehrlichkeit war ihr Kern-Thema. Ihr Sprachgebrauch zeigte dies deutlich. Dieses Thema kam bei ihr an vielen Ecken und Enden hervor, ohne dass ihr dies bislang bewusst war.

Ich begleitete Margot dabei, nach den Prinzipien von LINGVA ETERNA® Sätze und Redewendungen mit dem Wort ‚ehrlich' zusammenzustellen und auf die Anwendung dieser Wörter in ihrem Sprachgebrauch zu achten.

Margot erkannte staunend, dass sie ‚ehrlich' entweder als Floskel oder in der Verneinung gebrauchte. ‚Unehrlich' war ihr wesentlich vertrauter als ‚ehrlich'. Ihr Sprachgebrauch entsprach dem, was sie in ihrem Leben erlebte.

Hier konnte und wollte sie etwas wandeln. Wir betrachteten Situationen, in denen sie von ‚ehrlich' und von ‚Ehrlichkeit' sprechen kann. Diese Sätze und Redewendungen nahm sie in ihren Alltag mit und integrierte sie in ihren Wortschatz. Für die Floskeln mit ‚ehrlich' und für die Sätze mit ‚unehrlich' fanden wir Alternativen, mit denen sie sich wohl fühlte. Auch diese Sätze integrierte sie Schritt für Schritt in ihren alltäglichen Sprachgebrauch.

Ich gab ihr auch das Wort ‚aufrichtig' mit. Es kommt von ‚aufrichten'. Aufrichtige Menschen können sich aufrichten und dem anderen gerade ins Gesicht sehen. Diese Redewendung richtet mit dem Menschen auch seinen Rücken auf und stärkt seine Wirbelsäule.

Margot griff auch diese Anregung gerne auf. Dann machte sie einen bemerkenswerten Kommentar: „Ehrlich gesagt – also nicht ehrlich, nein, schon ehrlich ..." Sie unterbrach sich und lachte. Dann setzte sie wieder an: „Also: Das Wort ‚aufrichtig' ist für mich richtig neu. Ich habe es bislang nur bei Beerdigungen gesagt, wenn ich jemandem aufrichtiges Beileid gewünscht habe. Auch dieses Wort werde ich in meinen Wortschatz aufnehmen."

21. LINGVA ETERNA®-Übung

Lenken Sie Ihre Aufmerksamkeit auf das Thema Ehrlichkeit.
Geben Sie den Worten ‚ehrlich' und ‚aufrichtig' Raum in Ihrem Denken und Sprechen.
Finden Sie jeweils fünf Sätze, in denen diese beiden Worte einen guten Platz haben. Integrieren Sie sie in Ihren Sprachgebrauch.
Beobachten Sie, was in dieser Zeit in Ihrem Leben geschieht.
Machen Sie diese Übung vier Wochen lang.

Die Treue in der Alltagssprache

So eine treulose Tomate!

Die Treue ist ein weiterer hoher Wert. Wir sprechen von der Treue in einer Ehe, in einer Partnerschaft und in einer Freundschaft. Auch Mitarbeiter können ihrer Firma über viele Jahre treu bleiben. Tiere sind ihrem Herrn treu. Die Treue ermöglicht es den Beteiligten, auch durch Schwierigkeiten hindurch einander treu zu bleiben.

Wie steht es mit der Treue zu sich selbst? Wenn Menschen sich selbst treu bleiben, dann bedeutet dies, dass sie zu ihren Zielen und ihrer inneren Grundeinstellung, zu ihren Werten stehen. Dies wiederum setzt voraus, dass sie Ziele und Werte haben und diese auch kennen. Wenn Menschen ihre Ziele und Werte verraten, dann werden sie sich selbst untreu. Dann gehen sie gleichsam mit sich selbst fremd.

Menschen, die sich selbst nicht treu sind, können einem anderen nicht treu sein, nicht wirklich. Vielleicht hängen sie sich aus Haltlosigkeit an einen anderen dran. Dann klammern sie hilfesuchend und suchen am anderen den Halt. Doch ist dies nicht Treue.

Interessanterweise kommt das Wort ‚Halt' in der Alltagssprache weit häufiger vor als das Wort ‚Treue' und mögliche Ableitungen davon. ‚Halt' ist oft eine Floskel und sagt scheinbar nichts – und doch zeigt der Sprecher damit viel: „Ich rufe dich halt an. Dann kommst du halt noch einmal zu mir." In dem ‚Halt' können mehrere Bedeutungen mitschwingen. Der Halt, nach dem jemand sucht, ist häufig. Der Partner jedoch mag gern ein Partner sein und kein Rettungsanker auf Dauer.

Das Wort ‚Treue' spielt in der Alltagssprache eine geringe Rolle. Entsprechend kurzlebig sind zahlreiche private und berufliche Partnerschaften und Ehen. Das Wort Treue findet sich in neutralen Zusammensetzungen und Ableitungen wie ‚Treuhänder', ‚Treuhandgesellschaft' und ‚Betreuer'. In den Wörtern ‚treudoof', ‚treulose Tomate' und ‚veruntreuen', steht ‚treu' in einer negativen Bedeutung. Was ist übrigens eine treue Tomate?

Der ‚Getreue' ist aus der Mode gekommen, hoffentlich nur das Wort.

22. LINGVA ETERNA®-Übung

Schenken Sie dem Wort ‚Treue' Ihre Aufmerksamkeit. Wann sagen Sie es?
Schreiben Sie auf, wem oder was Sie treu sind oder lange Jahre treu geblieben sind.
Schreiben Sie auf, wer Ihnen treu ist oder über eine lange Zeit treu war:
Familienangehörige, Freunde, Mitarbeiter, ein Tier... Fühlen Sie bitte den Dank für das Geschenk der Treue, das andere Ihnen machten und machen.
Beobachten Sie, was als Folge Ihrer erhöhten Aufmerksamkeit für das Thema Treue in Ihrem Leben geschehen wird.

Achtung: Achtung!

Das Wort ‚Achtung' ruft bei den einzelnen Menschen unterschiedliche Bilder hervor. Bevor ich dieses Thema näher beleuchten werde, lade ich Sie ein, mit dem Wort ‚Achtung' eine Wortprobe zu machen. Sagen Sie zweimal halblaut und langsam: „Achtung, Achtung". Horchen Sie bitte wieder in sich hinein.

Wie klingt das Wort in Ihnen nach? Welches Bild haben Sie vor Ihren inneren Augen?

Vielleicht gehören Sie zu den Menschen, die eine Gefahr vor sich sehen und einen anderen Menschen mit dem Ausruf oder Hinweis ‚Achtung!' warnen. Es kann auch sein, dass Sie die Achtung empfinden, die ein Mensch vor einem anderen Menschen hat. Und als drittes kann es sein, dass Sie mit ‚Achtung' den militärischen Appell ‚Achtung!' gespeichert und gleich die Hacken zusammengeschlagen haben.

Ich nehme an, dass Sie das Wort ‚Achtung' in unterschiedlichen Bedeutungen und in unterschiedlichen inhaltlichen Zusammenhängen gebrauchen. Was auch immer Sie sagen oder sagen wollen – die stärkste Speicherung schwingt bei jeder Meinungsäußerung und in jedem Gespräch mit und hat Einfluss auf die Botschaft, die den Gesprächspartner in Wirklichkeit erreicht, selbst wenn Ihnen und ihm dies nicht bewusst ist. Diese unterschwelligen Botschaften können das Gespräch stören und sind eine Quelle für Missverständnisse.

Gleichzeitig reaktivieren Sie als Sprechender die Erfahrungen, die Sie mit dem Wort ‚Achtung' gemacht haben, und laden neue Situationen der gleichen Art in Ihr Leben ein.

Das Wort ‚Achtung' bedeutet für viele Menschen in erster Linie eine drohende oder bestehende Gefahr. Dies ist auch die häufigste Bedeutung, in der dieses Wort im allgemeinen Sprachgebrauch vorkommt.

Die Grundform von ‚Achtung' ist das Wort ‚achten'. Bereits hier gibt es mehrere Möglichkeiten, dieses Wort zu gebrauchen: Ich kann ‚jemanden oder etwas achten' und ich kann auch ‚auf jemanden oder etwas achten'. Das Wort ‚achten' findet sich in zahlreichen Ableitungen und Redewendungen wieder.

Ich nenne eine Auswahl: ‚jemanden oder etwas beachten', ‚beachtlich', ‚Beachtung', ‚beobachten', ‚Beobachtung', ‚eine Sache für gut erachten', ein ‚Gutachten', ‚jemanden oder etwas missachten', ‚Missachtung' und ‚jemanden oder etwas verachten' und die ‚Verachtung'. Mit der Nachsilbe ‚-sam' gibt es des Weiteren das Wort ‚achtsam' und davon abgeleitet die ‚Achtsamkeit'. Diese letzten beiden Wörter sind im Allgemeinen kaum gebräuchlich.

Ich lade Sie ein zu betrachten, welche Wörter mit ‚achten' Sie in Ihrer Sprache haben und sich bewusst zu machen, dass sie alle das Grundwort ‚Achten' beinhalten.

Mit dem bewussten ‚Achten' wächst der achtsame Umgang mit uns selbst und mit unserem Umfeld. Achten bedeutet, jemanden und etwas so anzunehmen, wie er, sie oder es ist, und achtsam mit ihm umzugehen. Achten bedeutet nicht, dass jemand alles gut heißt, was ein anderer Mensch gemacht hat oder macht.

Das Achten gehört zu den Grundwerten in unserem Umgang miteinander und mit der Schöpfung. Es ist Teil des vierten Gebotes. Interessanterweise ist dies das einzige Gebot, das eine Prophezeiung enthält: Achtet eure Eltern, auf dass es euch gut geht auf der Erde. Nicht die Eltern profitieren in erster Linie davon. Wir sind es selbst. Darum ist die Achtung vor den Eltern so fundamental.

Manche Menschen sagen, dass sie bestimmte Eigenschaften ihrer Eltern achten können und andere wieder nicht. Das ist weit entfernt vom wahrhaftigen Achten. Achtung ist immer hundertprozentig und niemals teilbar. Sie schafft Frieden im eigenen Herzen und in der Folge auch im Umfeld.

Diese innere Haltung darf wachsen und darf Zeit brauchen, um zu wachsen. Bedeutsam ist die eigene Bereitschaft, den Samen zu legen und diesem wertschätzenden Achten Raum und Zeit zu geben. Diesen Samen kann jeder jederzeit legen.

Im Anfang ist das Wort. Das gilt auch hier. Das entsprechende Wort ist der Samen für die spätere Frucht. Wenn Sie in Ihrem Leben Achtung erleben wollen, dann dürfen Sie sie als erstes säen. Der bewusste Umgang mit der Sprache hilft dabei. LINGVA ETERNA® macht die schöpferische Kraft der Sprache bewusst und leitet an, sie achtsam zu gebrauchen.

Julia wählte ‚achtsam'

Julia hatte mit dem Wort ‚Achtung' nur Gefahr gespeichert. Sobald sie dieses Wort hörte, geriet sie innerlich in starke Anspannung. Sie hatte mit ihm etliche schreckliche Erlebnisse gespeichert. Es war für sie anfangs ein Reizwort.

So bot ich ihr, den Regeln von LINGVA ETERNA® folgend, ein anderes Wort aus der gleichen Wortfamilie an. Ich wählte das Wort ‚achtsam'. Es war für sie völlig neu. Sie hatte es in ihrem Leben noch nie bewusst gebraucht. Es kam ihr fremd und sonderbar vor. Doch löste es bei ihr keine Anspannung und Angst aus. So wollte sie sich gern auf dieses eine Wort einlassen.

Ich bat sie, das Wort ‚achtsam' einmal ganz, ganz langsam zu sagen und sich jeden Laut dabei auf der Zunge zergehen zu lassen. Ich sagte es ihr zweimal vor. Dabei artikulierte ich das Wort langsam und deutlich: ‚achtsam'. Ich sprach die Nachsilbe ‚-sam' mit einem stimmhaften ‚S' wie in ‚Sonne' und ‚Summen' und mit einem langen ‚A'. Mir war bekannt, dass die meisten Menschen diese Nachsilbe falsch aussprechen, nämlich mit einem stimmlosen ‚S' und einem kurzen ‚A'. So wollte ich Julia das Wort gleich so geben, wie es am reinsten und schönsten klingt und schwingt.

Julia probierte den unterschiedlichen Klang und die unterschiedliche Wirkung des gleichen Wortes mit dem kurzen und mit dem langen ‚A'. Sie war fasziniert.

Dann machte sie eine Wortprobe und sagte zweimal halblaut und langsam ‚achtsam – achtsam' mit einem stimmhaften ‚S' und einem langen ‚A'. Sie spürte, dass ihr dieses Wort gut tat.

Sie integrierte es in ihren Sprachgebrauch. Sie sagte dem Kollegen nun nicht mehr: „Sei vorsichtig mit dem neuen Gerät." Jetzt sagte sie statt dessen „Martin! Sei bitte achtsam mit dem neuen Gerät!" Sie fand zahlreiche Gelegenheiten, dem neuen Wort in ihrem Denken, Sprechen und Fühlen Raum zu geben.

In den kommenden Tagen und Wochen sickerte das Wort ‚achtsam' langsam immer tiefer in ihr Denken, Sprechen und Fühlen. Sie spürte, wie sie innerlich zur Ruhe kam und wie die Angst und die Anspannung nachließen. Sie fühlte sich viel, viel besser als vorher.

Das Wort ‚achtsam' erwies sich auch bei Julia als ein gleichermaßen mächtiger und sanfter Türöffner für die wertschätzende Achtung und das dazugehörige Verb ‚achten' mit seinen Ableitungen.

Thomas lernte seinen Chef zu achten

Thomas hatte seit einigen Wochen einen neuen Chef. Er fand ihn furchtbar und war froh, wenn er ihn weder sah noch hörte. Der Chef hatte erst kürzlich seine Position eingenommen und führte das erste Mal eine so große Zahl von Mitarbeitern. Bei aller fachlichen Kompetenz, die er hatte, benahm er sich wie ein Elefant im Porzellanladen. Ihm ermangelte es an jeglichem Einfühlungsvermögen für seine Mitarbeiter. Er forderte und überforderte sie. Gleichzeitig herrschte er sie an und machte sie schlecht. Die Stimmung war allgemein miserabel.

Aus dieser Situation schien es für Thomas keinen Ausweg zu geben. Er litt und krankte an den zahlreichen Kränkungen. Gespräche mit dem Chef fruchteten nicht. Er schmetterte sie ab. In der Folge erkrankte Thomas wiederholt.

Ich durfte Thomas schon einige Wochen begleiten, und so hatte er schon vieles von LINGVA ETERNA® kennen gelernt und in seinen Alltag integriert. Auf diese Weise hatte er schon viel erreicht. Nur mit seinem neuen Chef kam er beim besten Willen nicht weiter. So fragte er mich um Rat.

Ich sagte, dass aus meiner Sicht die Achtung vor dem Chef der Schlüssel zur Lösung sei, und fragte ihn, ob er seinen Chef in seiner Position als Chef achten könne. In einer Mischung von Fragen und Entsetzen antwortete er mir daraufhin: „Nein! Unmöglich! So einen Unmenschen kann und will ich nicht achten!"

Wir hatten schon eine Weile vorher ein ausgiebiges Gespräch zum Thema Achten gehabt. Dies griff ich nochmals auf. Achten bedeutet, einen Menschen in seinem So-Sein, in seiner Position und mit seiner Geschichte als Menschen zu achten. Achten ist keineswegs gleichbedeutend damit, das, was er tut oder getan hat, gutzuheißen. In Hinblick auf Thomas' Chef bedeutete dies, dass Thomas ihn als seinen Chef achtet und seine Position anerkennt.

Thomas hatte zwei Möglichkeiten, die ihn weiterbringen konnten: Entweder er achtet ihn als seinen Chef oder er kündigt und geht. Die dritte Möglichkeit wollte er nicht weiter leben: Er hadert weiter mit ihm, missachtet ihn als Chef und leidet an der Situation und wird am Schluss möglicherweise richtig krank.

Als Thomas erkannte, dass er letztlich sich selbst etwas Gutes tut, wenn er seinen Chef als seinen Chef achtete, entschied er sich bewusst dafür, ihn zu achten. Er freundete sich eine Zeitlang mit dem Gedanken an, seinen Chef in der weit entfernten Firmenzentrale anzurufen und ihm seine Achtung zum Ausdruck zu bringen.

Ich machte ihm klar, dass seine Achtung für den Chef noch lange nicht bedeutet, dass der Chef auch ihn als Mitarbeiter achtet. Ich warnte ihn ausdrücklich davor, irgendeine Erwartung in dieser Richtung zu entwickeln. Jedoch sagte ich ihm, dass die Achtung, die er dem Chef gebe, irgendwann auch ihm selbst wieder zuteil werden würde, wenn auch wahrscheinlich auf einem ganz anderen Weg und in einem gänzlich anderen Kontext.

Schließlich war Thomas an dem Punkt der Stärke angelangt: Er empfand den nun folgenden Satz tief und ehrlich. Nun konnte er anrufen.

Er setzte sich auf seinen Stuhl, stellte beide Füße auf den Boden, sammelte sich und wählte die Telefonnummer. Dann hörte er das Telefon in der weit entfernten Stadt klingeln. Die Sekretärin hob das Telefon ab. Er grüßte sie freundlich und ließ das Gespräch zu seinem Chef durchstellen. Dieser meldete sich kurz und knapp: „Bäumler, ja bitte?"

Thomas meldete sich ausführlich: „Guten Morgen, Herr Dr. Bäumler! Ich bin Thomas Weidlinger aus X. – Herr Dr. Bäumler, ich mag Ihnen etwas Bedeutsames sagen: Ich achte Sie als meinen Chef! Sie sind der Chef und ich bin Ihr Mitarbeiter." Danach folgte eine kurze Pause. Diese wurde zur Ewigkeit.

Thomas hörte nur das Knacken in der Leitung. Er atmete tief und gleichmäßig und bewahrte so seine Ruhe so gut als möglich. Dann hörte er Herrn Dr. Bäumlers Stimme. Er räusperte sich und sagte dann: „Herr Weidlinger, ich danke Ihnen für Ihre Worte. Ach, wissen Sie, ich bin zu jung für diesen Job. Ich bin gerade zwei Monate älter als Sie!" Dann folgte wieder ein Schweigen.

Nun sagte Thomas: „Herr Dr. Bäumler, ich bin Ihnen gegenüber loyal. Und ich tue von hier aus, was ich tun kann."

Mit diesem Gespräch wendete Thomas das Blatt. Herr Dr. Bäumler wurde in dem Maß, wie es ihm möglich war, im Umgang mit Thomas spürbar freundlicher. Und Thomas fand seinen Frieden mit ihm. Er konnte ihn von nun an nehmen, wie er ist.

Einige Wochen später kam der nächste Schritt: Thomas bekam wieder einen neuen Chef und seine nächste Lernaufgabe. Die eine hatte er bravourös gelöst.

Die Achtung, die Thomas seinem Chef gegenüber zum Ausdruck gebracht hatte, erfuhr er seinerseits Monate später in vielfacher Weise in einem neuen Umfeld. Durch sein eigenes mutiges Handeln hatte er beständig Achtung und Wertschätzung in sein eigenes Leben eingeladen. Nun durfte er ernten.

Ausklang

Jedes Wort wirkt und schafft Wirklichkeit. Es ist eine der größten Gaben der Menschheit, dass wir durch unser Denken und Sprechen gleichzeitig Geschöpfe sind und auch Schöpfer.

Wir leben in einer Zeit der globalen Wandlung. Jeder Einzelne hat dabei die Möglichkeit und auch die Verantwortung, Neues mitzugestalten. Er kann und darf das in die Welt hineinbringen, was er sich und ihr wünscht. Mit seinem Denken und Sprechen formuliert und formt er auf diese Weise eine neue Wirklichkeit.

LINGVA ETERNA® erinnert an dieses uralte Wissen und weist einen Weg, achtsam mit der Macht umzugehen, die jeder Einzelne und auch eine Gesellschaft mit der Sprache und dem täglichen Sprachgebrauch hat.

LINGVA ETERNA® ist ein Metakonzept, das in vielen Bereichen Anwendung findet. So ist es jedem Menschen möglich, in seinem persönlichen Lebens- und Wirkungsbereich auf seine eigene Sprache zu achten und damit sein Leben eigenverantwortlich in die Hand zu nehmen.

Hören Sie bitte auf zu glauben, dass die Umstände Sie an Ihrem Glück hindern oder dass andere den Anfang machen sollen und Sie ja angeblich gar nichts oder nur wenig ausrichten können. Beginnen Sie, an sich und an die Kraft zu glauben, die auch Ihnen innewohnt. Erlauben Sie sich selbst, diese Kraft in Demut und Dankbarkeit anzunehmen und von ihr Gebrauch zu machen.

Schaffen Sie sich Schritt für Schritt und Wort für Wort einen Wort-Schatz an, der wirklich ein Schatz ist. Vielleicht wollen Sie dafür meinen Kartensatz ‚Die Kraft der Sprache' einsetzen. Jede Karte ist eine in sich abgeschlossene Lerneinheit. Ich habe diesen Kartensatz gemacht, um den lustvollen Beginn zu erleichtern.

Ich wünsche Ihnen mit LINGVA ETERNA® viel Freude, Leichtigkeit und Wunder-volle Erfahrungen.

Seien Sie behütet!

Erlangen, Dezember 2007   Roswitha Defersdorf

Anhang

Kontaktadresse

LINGVA ETERNA Institut für Pädagogik und Bewusste Sprache
Dipl. Phil. Mechthild R. von Scheurl-Defersdorf
Anderlohrstr. 42a
91054 Erlangen
Tel. 0 91 31 – 5 71 61
Fax 0 91 31 – 5 71 06
info@LINGVA-ETERNA.de

Nähere Informationen finden Sie im Internet.
www.LINGVA-ETERNA.de

Mechthild R. von Scheurl-Defersdorf führt bei Herder den Autorennamen Roswitha Defersdorf.

LINGVA ETERNA®: Vorträge und Seminare

    Vorträge
    Seminare
    Inhouse Seminare
    Basiszertifikat
    Seminar Mission-Vision
    Ausbildung zum Dozenten
    Es besteht auch die Möglichkeit für Coachings.

In Würzburg arbeiten wir im Rahmen der Kursreihe für Menschen in beruflicher Verantwortung regelmäßig im Haus Benedikt, dem Stadtkloster der Abtei Münsterschwarzach, mit Pater Dr. Anselm Grün zusammen.

Unsere Dozenten finden Sie über das LINGVA ETERNA-Institut oder auf unserer Internetseite.

Literaturhinweise zu LINGVA ETERNA®

Bücher

Deutlich reden, wirksam handeln. Kindern zeigen, wie Leben geht, Roswitha Defersdorf, Herder
ISBN 978-3-451-04829-6

Frischer Wind für die Partnerschaft, Roswitha Defersdorf, Herder, ISBN 978-3-451-05354-2

Gesunde Stimme, kraftvolle Sprache, Werner Mönch-la Dous, Verlag LINGVA ETERNA, ISBN 978-3-9808091-4-6

Kartensätze

Die Kraft der Sprache, 80 Karten mit alltäglichen Redewendungen, Mechthild R. von Scheurl-Defersdorf
LINGVA ETERNA, ISBN 978-3-9808091-1-5

Die Kraft der Sprache in der Pflege, Spezialkartensatz mit 40 Karten, Mechthild R. von Scheurl-Defersdorf
LINGVA ETERNA, ISBN 978-3-9811454-0-3

Die Kraft der Sprache in der Wirtschaft, Spezialkartensatz mit 40 Karten, Thilo Scheithauer
LINGVA ETERNA, ISBN 978-3-9811454-1-0

Sprachkarten – Denkmuster aktiv wandeln, 96 farbige Karten mit Blankokarten für eigene Ideen, Mechthild R. von Scheurl-Defersdorf
LINGVA ETERNA, ISBN 978-3-9808091-3-9

Weitere Titel der Autorin

Drück mich mal ganz fest. Geschichte und Therapie eines wahrnehmungsgestörten Kindes, Roswitha Defersdorf, Herder, ISBN 978-3-451-04916-3

Ach, so geht das! Wie Eltern Lernstörungen begegnen können, Roswitha Defersdorf, Herder, ISBN 978-3-451-04955-2

Raus aus den Beziehungsfallen

Psychospiele sind weder lustig noch kann man dabei gewinnen. Trotzdem werden sie unter Erwachsenen mit Leidenschaft und Ausdauer gespielt – nicht nur in Paarbeziehungen. Warum? Oft sind es Muster, die sich immer wiederholen. Das muss nicht sein: Wer die unbewussten Regeln durchschaut und die Rollen erkennt, kann diese unerfreulichen Beziehungskiller rechtzeitig vermeiden.

Christel Petitcollin
Da mach ich nicht mehr mit!
Psychospiele durchschauen
160 Seiten | Paperback
ISBN 978-3-451-29722-9

In jeder Buchhandlung oder unter www.herder.de

HERDER
Lesen ist Leben

Resilienz – die Kraft, die uns stark macht

Was ist das Geheimnis der Menschen, die auch aus großen Krisen gestärkt hervorgehen? Wie schaffen manche es, den alltäglichen Stress so gelassen zu bewältigen? Sie verfügen über die zentrale Kraft im Leben: Resilienz – innere emotionale Stärke, die uns durch Krisen trägt. Eine ganz konkrete Einführung mit vielen Fallbeispielen und Anregungen, die sofort praktisch umsetzbar sind.

Monika Gruhl
Die Strategie der Stehauf-Menschen
Resilienz – so nutzen Sie Ihre inneren Kräfte
192 Seiten | Paperback
ISBN 978-3-451-29799-1

In jeder Buchhandlung oder unter www.herder.de

HERDER
Lesen ist Leben

Miteinander statt gegeneinander

Wie können wir gut miteinander leben? In seinem Grundlagenwerk macht Jürg Willi deutlich: Nur wenn wir anerkennen, dass wir nicht unabhängig voneinander leben können, entsteht produktiv Neues. Das gilt nicht allein für Partnerschaft und Familie, sondern überall dort, wo Menschen aufeinander treffen.

Jürg Willi
Die Kunst gemeinsamen Wachsens
Ko- Evolution in Partnerschaft, Familie und Kultur
304 Seiten |
Gebunden mit Schutzumschlag
ISBN 978-3-451-29607-9

In jeder Buchhandlung oder unter www.herder.de

HERDER
Lesen ist Leben

Herzintelligenz entwickeln – auf den Körper achten

Wut und Ärger machen das Leben sauer. Der Vorsatz, sich weniger zu ärgern, hilft allein meist nicht viel. Die Autoren haben einen Ansatz entwickelt, der früher greift, nämlich auf der körperlichen Ebene. Sicher ist: Es lässt sich lernen, Schritt für Schritt. So wird aus der Wut produktive Lebensenergie – und das Leben kommt ins Gleichgewicht.

Doc Childre | Deborah Rozman
Verwandle deine Wut
Innere Ausgeglichenheit durch Herzintelligenz
192 Seiten | Paperback
ISBN 978-3-451-28861-6

In jeder Buchhandlung oder unter www.herder.de

HERDER
Lesen ist Leben